네가 낫기를 원하느냐

정형외과 전문의 김인상의 건강·신앙 이야기

네가 낫기를 원하느냐

초판 1쇄 인쇄일 _ 2007년 8월 20일
초판 1쇄 발행일 _ 2007년 8월 25일

지은이 _ 김인상
펴낸이 _ 최길주

펴낸곳 _ 도서출판 BG북갤러리
등록일자 _ 2003년 11월 5일(제318-2003-00130호)
주소 _ 서울시 영등포구 여의도동 14-5 아크로폴리스 406호
전화 _ 02)761-7005(代) ㅣ 팩스 _ 02)761-7995
홈페이지 _ http://www.bookgallery.co.kr
E-mail _ cgjpower@yahoo.co.kr

ⓒ 김인상, 2007

값 10,000원

* 저자와 협의에 의해 인지는 생략합니다.
* 잘못된 책은 바꾸어 드립니다.

ISBN 978-89-91177-45-1 03230

정형외과 전문의 김인상의 건강·신앙 이야기

네가 낫기를 원하느냐

| 김인상 지음 |

BG 북갤러리

머리말

정성을 다하여

　　예수님은 제자들에게 3년 동안 가르쳐온 것을 마지막 요점 정리해 주십니다.

　　손수 수건을 두르고 제자들의 발을 씻겨주시는 모습입니다.

　　섬김을 받으러 온 것이 아니라, 섬기러 오셨다는 예수님의 말씀 그대로입니다.

　　인간을 사랑하고 용서하시는 하나님,

　　인간을 섬기시는 하나님의 모습이 거기서 드러납니다.

　　제자들에게도 그렇게 서로 발을 씻어주라고 당부하십니다.

　　발을 씻어준다는 것은 용서와 사랑과 봉사의 상징적 표현입니다.

4_네가 낫기를 원하느냐

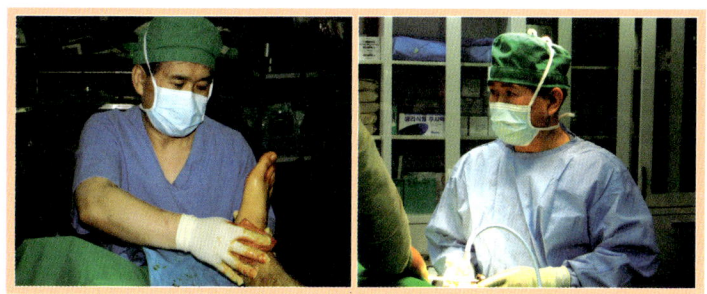

　제자로서 예수님을 닮고 그분과 영원히 함께 살고 싶은 저의 간절한 소망은 환자들의 발을 씻어주며 정성을 다하는 것으로 이루어진다고 믿습니다.

　환자들이 고통을 만날 때마다, 그 고통을 구원의 십자가로 끌어안을 수 있도록 최선을 다하여 옆에서 돕고 싶습니다.

　고통의 의미를 쉽게 이해하고 감내하도록 설명하고, 또 정리해 주며 그 고통을 함께 하렵니다.

　사무치도록 우리를 사랑하는 주님께서 늘 함께 해주시고 인도해 주시길 기도드립니다.

　　　　　　　　　　　　　　　　　　　　　　김인상

차례

머리말 | 4

1부_섬기는 자의 치유하며 사는 삶

- "네가 낫기를 원하느냐?" | 13
- 치유로 향하는 삶 | 16
- 중보기도가 가져온 기적 | 19
- 발을 씻어준다는 것은… | 24
- 히포크라테스의 제자와 예수님의 제자 | 28
- 우린 모두 장애인 | 32
- 엔돌핀과 다이아돌핀 | 36
- 믿음만이 치유를 가져온다 | 40
- 주여, 왜 목사님께 이런 고통이! | 45
- 치유하시는 하나님 | 48

2부_관절염과 뼈

- 관절염의 원인 | 55
- 관절염의 증상 | 59

- ■■ 죄의 찌꺼기를 씻어야 치유된다 | 63
- ■■ 반월상 연골판 손상의 치유와 관계 회복 | 67
- ■■ 인공관절 치환수술, 내 무릎에 인공관절이, 내 안에 그리스도가! | 71
- ■■ 치료의 적절한 시기 | 76
- ■■ 질병 속에 숨겨진 하나님의 은혜 | 79
- ■■ 퇴행성관절염의 궁극적인 치유 | 83
- ■■ 고관절(엉덩이관절) 치환수술, 믿음대로 낫는다 | 87
- ■■ 골절과 온전한 치유 | 90

3부_어깨와 팔의 통증

- ■■ 오십견에서 벗어나기 | 97
- ■■ 고통스런 어깨 통증의 회복 | 100
- ■■ 이 괴로운 어깨 통증, 꾀병이라구요? | 103
- ■■ 어깨 통증의 가면을 쓴 심리적 긴장 | 107
- ■■ 몸과 마음과 정신이 하나된 것이 건강이다 | 110

■■ 어깨 통증, 반드시 치유된다 | 114
■■ 테니스 엘보 | 117
■■ 움켜쥔 손은 어떻게 펼 수 있을까? | 120
■■ 손을 통하여 영혼이 드러난다 | 124

4부_골다공증과 허리병

■■ 골다공증, 바른 자세로 굽은 허리를 예방하자 | 131
■■ 부적절한 자세로 오는 요통 | 136
■■ 허리가 아프세요? 좀 쉬시지요 | 139
■■ 요통은 허리운동으로 예방해야! | 143
■■ 허리 디스크라고요? 주님께 맡기세요(1) | 147
■■ 허리 디스크라고요? 주님께 맡기세요(2) | 150
■■ 척추협착증과 생명으로 인도하는 좁은 문 | 153

5부_100세 건강비결

- 100세인의 건강비결 | 161
- "스트레스는 이렇게 대처하라" | 165
- 비만과 탐식 | 168
- 뱃살은 어떻게 뺄 것인가? | 173
- 올바른 스트레칭 | 178
- 맡겨보세요! | 181
- 영적 휘트니스 | 184
- 포기하지 말고 꾸준히… | 188
- 최고의 보약은 생수다! | 192
- 식생활(1) – 살아있는 음식을 먹어야… | 196
- 식생활(2) – 좋은 음식을 먹어야… | 200
- 식생활(3) – 구별된, 그리고 신성한 음식을 먹어야… | 204
- 금식은 급속히 치유되는 '천국 보약' | 208
- 건강 검진과 성품 검진 | 212

섬기는 자의
치유하며 사는 삶

1부

- ■■ "네가 낫기를 원하느냐?"
- ■■ 치유로 향하는 삶
- ■■ 중보기도가 가져온 기적
- ■■ 발을 씻어준다는 것은…
- ■■ 히포크라테스의 제자와 예수님의 제자
- ■■ 우린 모두 장애인
- ■■ 엔돌핀과 다이아돌핀
- ■■ 믿음만이 치유를 가져온다
- ■■ 주여, 왜 목사님께 이런 고통이!
- ■■ 치유하시는 하나님

"네가 낫기를 원하느냐?"

'인생은 만남이다' 라고 독일의 작가이자 의사인 카로사가 말했다. 환자도 어떤 의사를 만나서 치료 받느냐에 따라 치료 성적이 달라진다. 베데스다 연못가의 38년간 고통받아온 중풍 병 환자도 예수님을 만나 치유의 기적의 은혜를 입었듯이 예수님을 진정으로 만나 순종하면 병은 치유된다.

40대 초반의 남자가 교통사고 직후 디스크 수술을 받았다. 사정이 있어 그 몸으로 4개월간 수감생활을 하였고, 출감 후에 MRI촬영을 해보니 디스크의 염증이 있어 2차 수술을 받게 됐다.

그 후 수년간 사회와 병원과 의사를 원망하면서 고통을 겪었다. 그 고통이 얼마나 심한지 웬만한 진통제는 듣지도 않고 마약성분의 약을 조절하며, 최첨단 통증 기기로 치료를 하였지만 별 호전이 없었다. 고통스런 날만 보내고, 마음속에는 미움의 독만 쌓여갔다.

이렇게 5년이라는 세월이 지난 후 어느 날 그 마음속에 하나님의 은혜가 들어가 간절히 기도하기 시작했다. 하루 3시간 이상 기도에 몰입했고, 4개월 후에는 그에게 많은 변화가 왔다. 그토록 미워했던 의사를 만나 이렇게 말했다.

"선생님, 이제 제가 생각하는 것은 하나님의 생각이고 제가 말하는 것도 하나님의 말입니다. 제 안에 하나님이 있습니다. 이제 제 육체의 고통은 중요하지 않아요. 더 중요한 게 있습니다. 천국에 대한 소망입니다. 그리고 선생님과 만난 것을 원망 안 해요. 선생님이 많은 환자를 잘 치료하시길 늘 기도하고 있어요. 이제 통증도 절반으로 줄었고, 기도하면 더 많이 참을 수가 있어요. 이제 그 고통보다 하나님과 함께하는 기쁨 속에 사는 것이 더 중요해요. 이 고통은 하나님이 주신 큰 뜻일 거예요."

나는 그가 곧 고통에서 벗어날 것이라 확신한다. 상처의 진정한 치유는 상처 준 사람을 감사하면서 용서하면 치유가 된다. 그 고통으로 인내심을 키워 연단되어 주님 가까이 가고 그리스도의 모습으로 변화하게 된다. 하나님은 못 고치는 병이 없다. 그 안에 하나님이 있는 자들은 병에서 치유함을 얻을 것이다.

치유로 향하는 삶

하나님께서는 어떠한 상처라도 치유되고 회복할 수 있도록 우리 인간을 창조하셨다.

어린시절 작은 실수로 몸에 상처가 났을 때 상처 자국은 생기지만 오래 지나지 않아 새 살이 돋게 된 것을 누구나 경험하였을 것이다. 이렇게 상처 치유의 기본원리는 우리 몸의 작은 상처부터 인생의 큰 고난과 고통까지도 적용이 된다.

살다보면 어떤 질병이나 인생의 난관에 부딪힐 경우가 있다. 이때는 여기에 초점을 맞추고 치유될 때까지 자신의 모든 힘을 다하여 노력을 멈추지 말아야 할 것이다.

병원에서 환자들을 만나다보면 하루에도 여러 명씩 어깨, 무릎, 척추 등의 수술을 하게 되는데, 그때마다 수술을 받기로 한 환자들의 태도는 다양하다.

"후유증 없이 잘 나을 수 있을까?"
"수술은 한번으로 끝나는 것인가?"
"다른 사람들처럼 잘 났겠지?"
수없이 걱정되고 불안할 것이다.

그러나 어린시절의 상처가 잘 회복된 것을 기억하며 하나님의 치유의 신비를 터득한다면 좀 더 편안한 마음으로 치료를 받을 수 있을 깃이다.

예수님의 치유의 기적은 신앙으로 산을 옮기고 물 위를 걸어갈 수 있다는 확신을 지닌 사람 안에서 일어났었다.

꼭 기적을 요구하는 질병이 아니라도 하나님의 능력이 아니면 나을 수 있겠는가? 전적으로 하나님께 의존하며 완전히 회복된 이후의 삶을 그려본다면 치유가 속히 올 것이다.

중보기도가 가져온 기적

어거스틴은 "기도란 하나님 앞에서 다른 사람들의 행복을 위하여 중재하는 것이다"라고 중보기도를 강조했다. 우리의 미약한 중보기도는 영원한 중보자 되시는 예수님에 의해 뒷받침 되고 힘을 받는다.

아멜렉 족속과 이스라엘 자손이 전쟁할 때 여호수아는 몸으로 싸우고, 모세는 기도의 두 손을 들어 영적인 싸움을 한다. 모세의 피곤한 두 팔은 아론과 훌이 떠받쳐 승리한다. 결국 이 전투의 이면에는 모세와 아론과 훌이 중보기도의 전투에서 승리한 것이다.

우리 병원을 찾는 많은 환자들이 치유되는 이유는 바로 중보기도의 능력에서 나온다.

매일매일 치료과정에서 하나님의 치유의 손길이 나와 함께 하심을 느끼면서 감사하고 감격해 하고 있다. 나는 그저 수술만 해놓고 기다리면 많은 중보기도자들을 통해 신기한 치유의 기적이 일어나는 것을 본다. 다른 병원에서 치료한 것보다 탁월하게 좋은 성적을 냈다면 교만일까?

어떤 중풍 병자를 친구 네 사람이 들것에 들고 왔으나, 사람들이 너무 많아 예수님께 가까이 데려갈 수가 없었다. 그래서 예수님이 계신 바로 위의 (줄기를 엮어 흙으로 바른) 지붕을 벗겨 구멍을 내고, 중풍 병자를 들것에 눕힌 채 예수님 앞에 달아내려 보낸다.

예수님께서는 그 친구들의 믿음을 보시고 크게 감탄하신다.
"너는 죄를 용서 받았다." (막 2:112)
우리는 중풍 병자를 예수님께로 인도한 네 사람의 역할을 해야 한다.

　우리의 도움과 동행이 필요한 사람들이 주위에 얼마나 많은가? 그들과 함께 아파하고 함께 있어주고, 이해해주고, 자비를 베푸는 자가 하나님이 창조하신 본래 인간이다.
　이런 관점에서 우리 그리스도인은 이웃의 인도자, 이웃의 치료자이신 예수께로 데려가는 전도자, 산병인과도 같은 존재이다.

　자신과 이웃을 주님께 내 맡기는 것, 이것이 신앙이다.
　오늘도 주님은 우리에게 이와 같은 길을 걷도록 요구하신다.

나를 베네스다 연못에 넣어 낫게 해줄 사람이 없다는 삼십팔 년 된 병자가 얼마나 많은가? (요 5:1~9)

"네 자리를 들고 걸어가라" 하시는 예수님의 역할을 우리가 맡아보자.

뼈를 깎는 고통이 있어도 보호자가 없어서 병원을 못가는 독거노인을 한번만이라도 병원에 모셔다 준다면 마더 테레사와 같은 성인을 맛볼 것이다. 또 그의 치유를 위해 한번만이라도 기도해 준다면 기쁨이 더할 것이다. 감사가 넘쳐날 것이다. 이런 것이 하나님의 뜻을 이루는 삶일 것이다.

한 해 동안 새힘병원에 보내주신 사랑과 성원에 진심으로 감사드립니다.
여러 교회와 중보기도 팀의 뜨거운 치유 기도와 사제와 수녀님들의 촛불기도. 또 치료받는 환자와 그 가족의 기도를 통해 주님이 고통과 고난을 맡아주셨습니다.
주께서 그의 전능하신 팔을 드러내셨고, 그의 권능을 나타내셨습니다.
놀랍게도 그 치유의 힘으로 질병에서 많은 이들이 구원받으셨음을 생각할 때 감사하고 감사드릴 따름입니다.

새힘병원은 중보기도자의 병원입니다.

발을 씻어준다는 것은…

최근 TV에서 의학드라마 '외과의사 봉달희'와 '하얀거탑' 등이 방영되었다.

이 드라마의 배경으로 외과 수술실이 자주 나온다.

일반인들은 수술실 하면 두려움을 갖고 있고, 수술은 어떻게 진행되는가 하고 궁금해 할 것이다.

우리 새힘병원에서 매일매일 수차례씩 수술하는 모습을 살펴보기로 한다.

수술시간이 정해지고 수술실에 가는 환자는 가슴이 두근거리고 불안해 할 것이다. '과연 이 수술이 잘 될 것인가?' 많은 환자는 수술대에 누워 아무 말도 못하고 침묵 속에서 걱정과 근심, 불안해한다.

이때 의사가 환자의 손을 잡아주고 안심시키며 평안함을 주려 노력한다.
"어르신, 교회에 나가시나요?"
"아직 예수 안 믿으나 수술 잘되면 교회에 나갈 겁니다."
"어르신의 수술이 잘되고 잘 회복되기 위해서 기도드리려 합니다. 눈을 감고 함께 기도하시지요."

– 우리 질병을 치료하시는 라파의 하나님. 당신은 기적을 행하시는 의사이십니다. 이 시간 당신의 사랑하는 따님이 수술 받게 되었습니다. 주님만이 우리의 힘이 되시고, 모든 환란 가운데 의지가 되십니다.
주님. 이 자리에 임재하시고 우리가 주님의 현존을 체험하게 하여 주시옵소서. 수술은 의사들이 하지만, 치유하시는 분은 하나님이심을 믿습니다. (중략) –

우리는 수술 전에 기도를 통하여 하나님의 힘을 얻는다.

기도하지 않고서는 기적을 행할 수 없기 때문이다.

기도를 마친 후 마취를 한다. 이후에 무릎 수술 부위에 소독을 하는데, 의사들은 소독 가운을 입은 후 좀 엄숙한 자세로 환자에게 정성을 다해 겸손한 마음으로 수술이 잘되기를 바라면서 발끝부터 발가락 사이사이, 발등, 발바닥, 무릎, 허벅지까지 소독약으로 씻어주고, 닦아주고, 소독한 다음 소독포로 감싼다.

수술할 때 염증이 생기는 일이 없도록 수술 부위 주변이 무균상태여야 함으로 이렇게 철저히 소독을 하는 것이다.

눈에 보이는 환자의 모습은 소독포 사이로 들어나는 환부뿐이다. 무릎 수술은 무릎만 보이고, 발목 수술은 발목만 보인다.

이제 의사는 다시 기도를 한다.

- 예수님 도와주소서. 제가 집도하지만 수술은 주님이 하십니다. -

예수님은 제자들에게 3년 동안 가르쳐 온 것을 마지막 요점 정리를 해주신다. 손수 수건을 어깨에 두르고 제자들의 발을 씻겨주시는 모습이다.

  섬김을 받으러 온 것이 아니라 섬기러 오셨다는 예수님의 말씀 그대로이다.

  인간을 사랑하고 용서하시는 하나님, 인간을 섬기시는 하나님의 모습이 거기서 드러난다.

  제자들에게도 그렇게 서로 발을 씻어주라고 당부하신다.

  발을 씻어준다는 것은 용서와 사랑과 봉사의 상징적 표현이다.

  - 이 사순절에 섬김의 아름다움과 모범을 보여주신 주님! 제자들에 대한 당신의 사부지는 사랑을 나도 실천히게 도와주시옵소서. -

히포크라테스의 제자와 예수님의 제자

며칠 전 강화도 주민들을 대상으로 무료진료를 하였다. 사전에 홍보를 해서 그런지 진료를 받으려는 주민들이 설렘과 기대 속에 교동면민회관을 꽉 채우는 문전성시를 이루었다.

팀에서 약 400여 명쯤 진료를 했고, 필자는 150여 명의 관절환자를 진료하였다.

형식에 그친 무료진료가 아니라, 적은 시간에 최대의 효과를 보인 사랑의 진료였다.

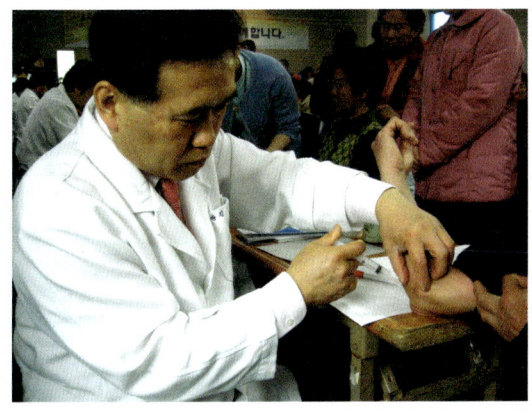

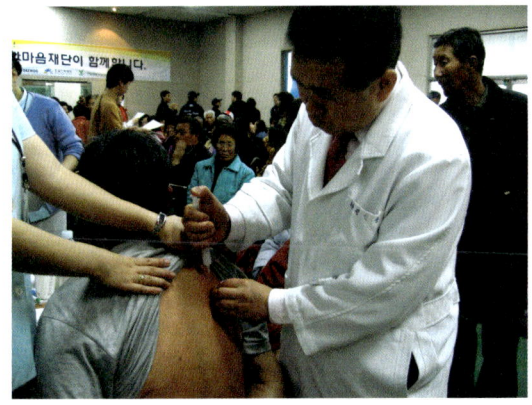

　병원에서 옮길 수 있는 장비들로 진료를 하였지만, 주민들의 자존심이 상하지 않도록 병원에서 보다 더욱더 열심히 또 진지하게 최선을 다하였다.

　예수님 당시에는 질병으로 고통당하는 자들은 그 마음속에 주님의 손길이 닿거나 옷깃을 스치기만 하여도 나으리라는 신뢰와 믿음이 있었고, 이것이 주님의 자비와 긍휼에 합하여 질병이 낫는 치유 기적의 역사가 일어났었다.

이곳 주민들도 주사 한방만 맞으면 다 나으려는 심정을 엿보아 열심히 주사를 투여하고, 스트레칭, 근력강화운동의 방법 등을 지도하였다.

이번 진료를 위해 오고가는 버스 속에서 많은 생각을 하며 의사로서의 나를 정화시켰다.
 의사가 되면서 나의 생애를 인류봉사에 바칠 것을 엄숙히 서약하는 히포크라테스의 서약을 하였고, 그의 제자처럼 살려했던 그때의 다짐을 다시 하였다.

우리 신앙인은 예수님의 참된 제자가 되길 원한다.
 제자의 기준은 예수님의 말씀을 얼마나 마음 판에 새기고 사는지에 달려있다.
 아무리 신앙생활을 오래했어도, 그 마음에 주님의 말씀을 새겨두지 않았고, 삶에 적용이 되지 않았다면 주님의 제자가 아니다.

하루에도 몇 번이나 주님의 말씀을 떠올리며 그 말씀의 의미와 실천방안을 고민하는지, 또 말씀대로 잘 살지 못하는 나 자신 때문에 얼마나 마음 아파하는지 생각해 본다.

이번 사순절에는 한 말씀이라도 더 마음 깊이깊이 새겨두고, 실천하는 삶으로 살아가고 싶다.

"주님! 날마다, 숨쉬는 순간마다 귓전에 주님의 말씀을 들려주십시오.

'너희가 내 말에 거하면 참 내 제자이다.'" (요 8:31)

우린 모두 장애인

"저희 장애인들이 정작 고통스러운 것은 걷지 못하고, 보지 못하고, 듣지 못하는 것이 아닙니다. 사람들이 우리들을 자신들과 다른 존재로 보는 편견이 가장 고통스럽습니다."
어떤 중증장애인의 호소이다.

장애인이란 한마디로 몸이나 마음이 성하지 못한 사람이다. 자력으로나 부분적으로 완전하게 몸의 균형을 유지할 수 없는 사람이다.

인간의 평균수명이 길어지면서 또 사회가 복잡해짐에 따라 장애인의 수가 증가되었다.

정형외과에서 인공관절과 척추수술을 받은 많은 환자들은 수술 후에 장애인으로 등록이 된다. 장애인의 수가 많아짐에 따라 가정마다 우리 아버지, 우리 어머니가 모두 장애인이다.
그로 인해 이제는 장애인에 대한 편견은 없어지리라 본다.

성경에 보면 장애현상이 생기면 이는 그가 저지른 죄에 대하여 하나님이 주신 벌로 이해했다.

유대인 사회에서는 장애인은 비장애인에 의해 격리와 멸시의 대상이었고, 사회적으로는 온갖 불이익과 손해를 감수해야 했다. 과부, 고아, 나그네와 같은 사회적 약자에 대해서는 잘 돌보아줄 것을 성경에서 가르치나, 정작 도움이 필요한 장애인에 대해서는 언급이 없다.

이사야서에 "소경은 눈을 뜨고 귀머거리는 귀가 열리리라. 그때에는 절름발이는 사슴처럼 기뻐 뛰며, 벙어리는 혀가 풀려 노래하리라" 하며 구원의 때가 되면 모든 장애현상이 없어진다고 믿었다.

예수님은 우리의 허약함을 맡아주시고 우리의 병고를 짊어지시는 분으로 우리는 고백한다.
예수님이 허약한 우리 장애자들을 도우신다. 예수님은 장애현상과 장애인을 하나님께서 하시는 놀라운 일을 그에게서 드러나게 하시려는 것 때문이라고 새로운 관점에서 보셨다.

사도 바울도 자기에게 있는 장애현상을 오히려 하나님의 은혜를 입는 계기로 보았다.
하나님은 사람을 겉모습에 따라 평가하지 않으시고 속사람에 따라 판단하신다.
편견을 가진 사람이 오히려 속사람의 장애가 아닌가?

눈에 드러나는 장애현상을 갖고 사람을 무시하거나 업신여기지 말아야 한다.
조선시대 명종 때 정승이었던 상진대감은 발을 저는 절름발이를 보면 "저런! 저 사람 한 다리가 좀 길구먼"이라는 말을 했다고 한다. 짧은 다리를 보지 않고 긴 다리를 봄으로써, 그 사람을 낙관적이고 긍정적인 관점으로 봤던 것이다.

서로의 부족한 점을 메워가면서 조화롭게 살려는 노력이 하나님께서 주신 우리 본래의 아름다운 모습일 것이다.

엔돌핀과 다이아돌핀

예수님의 제자들에게 가장 불안하고 초초하며, 긴장된 순간은 언제였을까?

아마도 예수님이 부활하신 안식 후 첫날 저녁 때 제자들이 문을 닫고 함께 모였을 때였을 것 같다. (요 20:19~20)

두려움에 떠는 제자들 가운데 서서
"너희에게 평강이 있을지어다"라고 말씀하시자 제자들이 기뻐하였다.

제자들은 부활한 예수님을 만나고서야 실제로 기쁨을 가지게 되었다.

　제자들의 두려움은 이제 기쁨, 곧 부활의 분위기로 바뀐 것이다.

　이때의 기쁨은 성령과 함께 주어지는 내적이고 영적인 선물이었다.

　날마다, 숨 쉬는 매 순간마다 우리에게는 어려운 일이 닥친다. 또 불안한 마음, 긴장된 순간 고통이 찾아올 수 있다. 그러나 이때마다 하나님께서는 '엔돌핀'이란 강력한 진통작용을 하는 호르몬을 분비시켜주시고 안정시켜 평온함을 주신다.

　엔돌핀은 우리 몸 안에서 생성되는 모르핀이다.
　몸 밖에서 투여하여 고통을 없애는 모르핀보다 100배나 강력한 진통작용을 한다.
　엔돌핀은 불안, 공포, 초조, 긴장하거나 기분이 나쁠 때 이를 진정시키기 위해 분비된다.
　그리고 암을 치료하고 통증을 해소하는 효과가 있다.
　화가 나거나 기분이 나쁠 때에도 아드레날린이란 호르몬과 동시에 분비되기도 한다(그러나 웃을 때나, 기쁠 때, 행복한 순간에는 엔돌핀이 분비되지 않는다).

최근 발견된 호르몬 중에서 **'다이아돌핀'** 이 있다. 다이아돌핀의 효과는 엔돌핀의 4,000배나 된다. 우리 몸이 감동을 받을 때 생성되는 호르몬이다.

삶의 깨달음이 왔거나 아주 좋은 노래를 들을 때, 아름다운 풍경에 압도되었을 때, 큰 사랑에 빠졌을 때 등 우리에게 큰 감동의 순간에 생성된다.

우리 몸의 면역체계의 강력한 긍정적 작용을 일으켜 암을 공격한다.

바로 치유의 기적이 일어날 수 있다는 말이다.

12년 동안 혈루병을 앓아 고통과 절망 중인 여인이 예수님만이 구원자심을 믿고 군중 속에 계신 예수님의 옷자락을 잡은 순간에 병이 낫고 구원을 받았다.

이때 강력한 엔돌핀이 생성되면서 환자의 전신에 분비되었으리라 본다.

또 어떤 중풍 병 환자를 그 친구 네 사람이 군중에 싸여 말씀하시는 예수님 계신 집에 가려다 들어갈 수 없으므로 예수님이 계신 바로 위 지붕을 벗겨 구멍을 내고 그 앞에 달아내려 치유받기를 청했다.

예수님은 그 친구들의 믿음과 대담한 행동을 보시고 감동하여 중풍 병 환자에게 "너는 죄를 용서 받았다"라고 말씀하셨다.

예수님의 권능으로 몸속에 강력한 다이아돌핀이 분비되고 환자에게 전달되어, 치유의 기적을 일으켰으리라!

우리는 세상을 살아가며 많은 다양한 가치를 추구한다. 그러나 많은 사람들에게 그 마지막은 평온함이 아닌 고뇌와 아픔으로 귀결되는 것 같다. 그래서 우리는 마음의 평안과 영혼의 자유를 찾아 신앙을 갈망한다.

이제 예수님을 기쁘고 감동시키는 믿음으로 순종하며 살아간다면 평온함을 얻을 것이다.

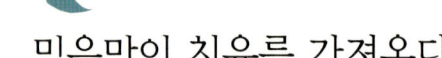
믿음만이 치유를 가져온다

예수님 시대에 치유 기적을 보면 예수님의 옷깃만 만져도 혈우병이 낫고 예수님의 말씀만으로 백부장 아들의 병이 나았으며, 지붕을 뜯어서라도 예수님을 만나면 나을 수 있다는 믿음을 가진 자도 병이 나았던 예를 볼 수 있다. 이처럼 예수님에 대한 병자들과 보호자들의 신뢰 내지는 믿음이 치유를 가져왔다.

지금도 병을 고치려면 의사를 신뢰하는 가운데 처방과 지시를 따르면 병이 좀 더 잘 낫는다. 이제는 환자들이 인터넷

검색을 통하여 의사와 병원을 선별하여 자신이 선택한 의사가 치료를 잘해 주리라는 선입관과 믿음을 갖고 병원을 찾게 된다.

　의사를 믿지 못하면 자기 몸을 맡길 수 없다.

　의사에게 치료받으러 오는 행위는 "나의 생명을 위임한다"라는 믿음이 전제 되었을 것이다.

　한 신앙 좋은 젊은이가 항해 도중 난파되어 차가운 바닷물 속에서 구조를 기다리며 기도를 하고 있었다. 때마침 지나가

던 구조선에서 "어서 이 배에 오르세요"라는 소리가 들렸지만, 젊은이는 "나는 하나님이 구해줄 것이니 돌아가십시오"라고 말했다. 얼마 후 또 다른 구조선이 지나다 "어서 배를 타세요"라고 했지만, 그때도 "하나님이 구해줄 것이니 돌아가십시오"라고 말을 했다. 세 번째 구조선이 왔을 때에도 똑같은 식으로 거절을 했다.

젊은이는 기진맥진하여 그만 죽게 된 후 하나님 앞에 서서 항의를 한다.
"하나님 저는 열심히 하나님을 믿으며 살아왔는데, 바다에 빠진 나를 왜 구해주지도 않으셨습니까?"
그러자 하나님께서 "얘야~, 내가 구조선을 세 번씩이나 보내지 않았느냐?"라고 말씀하셨다.

치료에 있어서 의사는 하나님의 동역자로 존재하고, 그 수단이 된다.
하나님을 신뢰한다면 그 하나님의 선택된 동역자도 신뢰하며 치료를 받아야 한다. 가끔 의사를 믿지 못하고 기도와 금식만으로 고치겠다고 하다가, 치료시기를 놓쳐 돌이킬 수 없는 결과에 이르는 사람들을 많이 본다. 하나님은 모든 수단을 통하여 역사하시는 위대하고 광활하신 분이시다. 쉽게 치료받아 나을 수 있도록 길을 열어주신 자비의 하나님께 감사해야 한다.

아기가 엄마 등에 업혀 어디를 갈 경우 – 승용차나 버스, 지하철을 이용하여 또는 걸어서 갈 수 있다. 이런 경우 아이를 그곳까지 데려간 것은 누구인가?

차는 수단이고, 데려간 것은 어머니이다. 우리가 병에 걸렸을 때에 의사를 통하여 치료하든, 한약을 먹고 치료하든, 또는 안수기도와 금식으로 그리고 민간요법으로 치료를 하든, 기간은 각각 다르지만 죽지 않게 된다면 언젠가는 낫게 될 것이다. 이때 이 병은 하나님께서 고쳐주신 것을 알아야 한다. 하나님이 우리 인체에 만들어 놓으신 자연적인 치유력을 여러 수단을 통해 작용하고 활성화시켜 병이 낫게 되는 것이다.

이렇게 '하나님이 치료의 근원이시다' 라는 본질을 알고 있다면 하나님을 신뢰하는 믿음 속에 낫는다는 확신을 가지고 치료에 임해야 한다.

믿음으로 기도하는 자만이 치료하시는 하나님의 손길과 은혜를 체험할 수 있다.
하나님만이 우리 병을 낫게 해주시는 치유자이시다.

주여, 왜 목사님께 이런 고통이!

주일학교를 책임지고 있는 열정적인 젊은 목사님이 계시다.

얼마나 일을 많이 하는지 하루 25시간이라도 모자랄 지경이다. 어느 날 목사님이 주일학교 예배 인도 중에 갑자기 성경책을 보는데, 거리 감각이 없어지고, 큰 글씨가 희미해지고, 잘 안보여서 처음에는 별로 대수롭지 않게 "피곤해서 그렇겠지" 하고 생각했었다. 그 후 계속 같은 증상이 반복되었고, 이제는 어지럽고 두통까지 증상이 증폭되었다.

안과병원에서 진찰을 해본 결과 한쪽 눈의 동공이 움직이지 않고 있으나, 안과적으로는 원인이 될만한 큰 이상이 없었다. 신경외과, 신경내과, 안과의 의사팀들이 토론까지 할 정도로 원인을 못 찾았다. 그래서 MRI촬영을 해본 결과 머릿속에 '동맥류(애뉴리즘)'가 생긴 것 같다고 했다. 동맥류는 우리 뇌 속의 혈관이 꽈리처럼 커져있어, 터지면 뇌출혈이 생기고 사망에 이르는 병이다.

좀 더 자세하게 알려고 뇌의 MRA(혈관)촬영을 대학병원에 예약한 채 밀린 일들에 매달리며, 일하고 기도하였다.
　우리 교인들은 '주여! 왜 하필이면 우리 목사님에게 이런 고통이옵니까? 지금 하나님은 어디 계신지요? 도와주소서! 도와주소서!' 하면서 중보기도를 하였다.

약 한달 후, 수술을 위한 MRA검사에서 뜻밖에도 정상이라고 판명되었다. 할렐루야! 우리의 절박한 부르짖음에 응답하셨다.
　이제 시간이 지나서 동공을 지배하는 신경이 회복만 되면 나을 것이다.
　상당한 시간이 걸릴 것이나 희망적이다.

하나님께서 치유해 주시기를 기대하는 때에 주님의 치유가 의식적인 차원에서 이루어지지 않는다고 해서, 우리를 치유해 주시지 않는다는 뜻은 결코 아니다. 때때로 하나님께서 우리의 기도에 응답하시지 않는 것은 우리의 신앙을 한 차원 높이기 위해서이다. 고통은 우리로 하여금 주님께로 향하도록 요구하시는 것이다.

교육 목사님으로 인해 교인 전체가 영적 여정으로 한걸음 더 나아가 하나님께 대한 신뢰심이 그만큼 더 커졌으리라 본다.
"하나님이 나를 도와주시고 계신다"라는 깨달음과 함께 성숙한 신앙에 이르렀다.
하나님께서 우리가 고통당할 때에도 함께 계시며, 우리를 보호하고 계신다는 사실을 믿고 따를 때 우리는 많은 것을 누리게 된다.

때때로 하나님이 부재중이라고 느낄 때도 있지만, 주님은 어디에도 가시지 않는다.

치유하시는 하나님

　이솝우화에 나귀 한 마리가 임금님을 모셔 태우고 가는데, 길가에 있는 많은 사람들이 손을 흔들고 함성을 지르면서 임금님을 높이 환호한다.
　나귀는 자기를 크게 환영하는 줄로 착각을 하고 환호에 답한다고 앞발을 높이 들어 올리다가 그만 임금님을 떨어뜨린다. 물론 하인한테 많은 매를 맞았을 것이다.

　많은 환자들은 병이 의사나 병원의 어떤 기기를 통해 낫는다고 생각한다. 또 많은 의사들도 고통 속에 있는 환자들이 자신만의 노하우인 치료행위를 통해 낫게 되는 줄 알고 교만해 하기도 한다.

환자가 "선생님이 치료를 잘해 주셔서 잘 낫습니다"라고 하면 의사들은 당나귀처럼 착각을 한다. 나를 만나지 않았다면 질병이 치료되지 않았거나 벌써 죽었을 것이라는 표현도 서슴없이 한다.

성경에는 하나님의 치유하시는 모습이 너무나 많이 나타난다. 하나님에 대한 신뢰와 믿음으로 기적이 나타나서 치유되기도 하고, 베데스다 연못가에 마른 병 환자를 낫게 했던 기적처럼 하나님의 자비와 사랑으로 치유를 해주신다.

하나님의 치유는 전인적인 치유이다. 육체뿐만 아니라 정신적, 영적 모든 면에서 완전한 회복을 의미한다. 그래서 치유는 손상되고 파괴된 인간을 완전한 상태로 되돌아가도록 돕는 것이다.

육체적인 치유뿐만 아니라 많은 사람들 사이의 감정적인 치유와 관계적인 치유, 그밖에 개인적인 기억의 치유, 나아가서 영적 성장에 이르게 하는 영적인 치유까지 해주신다. 예수님도 육신의 치유에 앞서 영적인 치유를 먼저 해주신다. 육신의 병을 치료하기 전에 병자의 억압된 죄로부터 자유를 선포하신다.

"네가 죄 사함을 받았느니라."

이런 여러 가지 치유를 인간인 의사가 조금이라도 할 수 있겠는가….

인간의 의식에는 여러 차원이 있는데, 아래에서는 환경적인 차원, 행동이나 능력의 차원, 가치관이나 정체성 차원, 그리고 최상위인 영적인 차원이 있다. 이 모든 차원의 어떤 문제라도 최상위인 영적인 문제만 해결된다면 다 해결되는 것이다. 모든 치유는 주님이 하신다. 주님께 그저 맡기기만 하면 주님께서 다 치료해 주신다.

성경에서도 인간이 전인적으로 치유될 수 있는 길은 바로 예수그리스도를 만나는 길이라고 한다. 그러면 전인적인 치유는 어떻게 하는가?

먼저 성령 안에서 질병을 정확하게 진단한 다음, 모든 아픔을 우리 모두가 공동으로 대처해야 한다. 성경에도 "너희 중에 병든 자가 있느냐? 장로에게 청하라"고 한다. 지붕을 뜯고 중풍병자를 예수님 앞에 내려놓았던 친구들의 믿음을 보고 감동하여 치유해 주셨던 예수님의 치유의 기적을 우리는 알지 않는가?

교회는 믿음과 치유의 공동체이다. 공동으로 기도하고 함께 아파하면서 중보기도를 하면 하나님께서 치료해 주신다. 중보기도는 하나님이 주신 치유의 은혜이다. 치유와 전인적인 성장을 이루기 위해 우리 자신이 노력해야 하지만, 더불어 하나님께서 치유해 주시기를 청하는 일에도 열심히 해야 한다.

우리는 항상 하나님께서 인간의 상처를 주목하시고 응답하신다는 것을 기억해야 한다. 하나님은 누구보다도 우리를 사랑하시고, 우리의 질병이 낫기를 원하고 계신다.

무릎관절의 구조

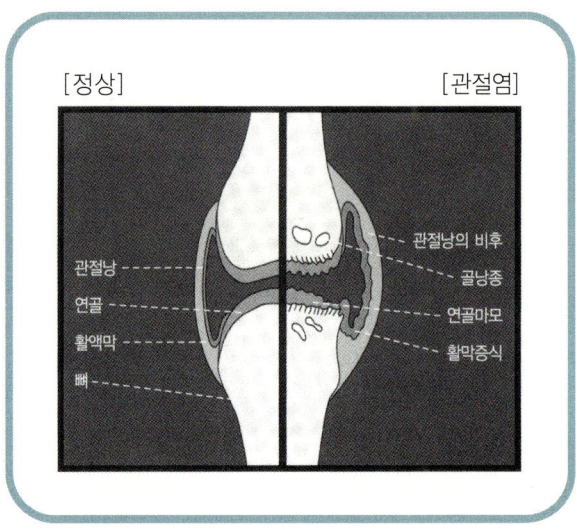

관절염과 뼈

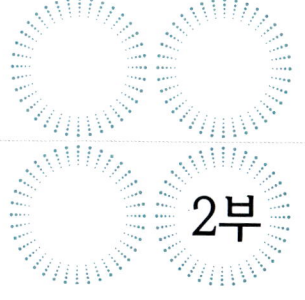

2부

- 관절염의 원인
- 관절염의 증상
- 죄의 찌꺼기를 씻어야 치유된다
- 반월상 연골판 손상의 치유와 관계 회복
- 인공관절 치환수술, 내 무릎에 인공관절이, 내 안에 그리스도가!
- 치료의 적절한 시기
- 질병 속에 숨겨진 하나님의 은혜
- 퇴행성관절염의 궁극적인 치유
- 고관절(엉덩이관절) 치환수술, 믿음대로 낫는다
- 골절과 온전한 치유

관절염의 원인

100세 장수시대를 눈앞에 두고 있다.

갈수록 늘어나는 평균수명으로, 건강한 사람은 평균수명보다 10년 이상 더 살고 있다.

그러나 준비되지 않고 건강이 따라주지 않는 노년의 삶은 고통뿐일 수도 있다.

노년의 삶의 질을 떨어뜨리는 가장 중요한 질환은 관절의 노화인 퇴행성관절염이다.

고혈압, 당뇨병, 요통처럼 관절염도 죽는 날까지 관리가 필요한 심각한 만성질환이다.

그러면 관절염은 늙어가면서 필연적으로 생기는 질병인가? 그 원인을 살펴보고자 한다.

관절염의 발생 원인은 나이, 비만, 유전적인 요인, 활성산소, 외상의 후유증, 관절에 무리가 따르는 직업 활동이나 올바르지 못한 생활습관을 든다.

여기다가 좀 더 추가하면 스트레스와 미움도 관절을 병들게 한다.

관절이 병들면 연골이 닳아 외부 충격에 대한 완충작용이 감소하고, 활액(滑液)이 말라가면서 연골의 마찰을 없애주는 윤활작용이 원만하지 못하고, 관절 주변의 조직과 세포들이 서로 부딪히고 망가져서 관절의 건강을 유지시키는 물질을 생산하지 못해 관절염이 생긴다.

한번은 양쪽 무릎에 인공관절수술을 했던 환자가 특별한 이유 없이 수술 후 계속 통증을 호소하였는데, 어느 날 갑자기 그 통증이 소실되었다.

그 이유인즉슨 그 아들이 개인사업의 잘못으로 인해 교도소

에 수감되어 큰 고통을 당하고 있다가 수용생활을 마치고 출소하여, 마음의 기쁨이 온 것이다.

고통은 우리 삶에서 피할 수 없는 실존의 문제이다.
우리는 작은 고통에도 주위 사람, 주위 환경 등을 원망하고 저주하고 있다.
눈앞에 보이는 삶을 사느라 힘들었겠지만, 조용히 시간을 갖고 이제 그 원인을 겸손히 생각해 보자.

그래도 고통 중이지만 지금까지 살아온 삶을 감사하면서 삶에 대한 방식이나 태도에 조금이라도 변화를 준다면 그 병이 더 진행되진 않을 것이다.

  이미 발생하여 고통을 주는 관절염은 정형외과 관절전문 의사에게 도움을 청하겠지만, 그 고통의 해결과 마지막 희망은 오로지 하나님께 있음을 잊어서는 안 될 것이다.

관절염의 증상

살며, 사랑하며, 소망 속에서 죽는 것이 신앙인의 인생 여정인데, 사는 동안 건강을 유지하고 하나님의 보호 속에 은혜받고 평안한 삶을 살 수 있다면 최고의 삶을 살았다고 할 수 있다.

진료실에서 무릎이 아픈 어르신들은 농담 섞인 호소를 한다.
"선생님, 죽는 약 없어요?"
"선생님, 나 좀 죽여줘여. 아파서 못살겠어요."
"왜 하나님이 빨리 데려가시지 않아. 빨리 데려가시길 기도해 주세요."
 얼마나 아프시기에…? 듣는 내가 고통을 준 것같이 가슴이 아프다.

 관절 속의 연골은 신경이 없어서 닳아 없어져도 통증을 느끼지 못한다.
 관절염 때의 통증은 관절이 붓거나 관절 속의 나쁜 체액과 마모된 연골조각이 주위 조직을 자극하기 때문에 생기는 것이다.

 무릎 관절염의 처음 증상은 무릎 주위가 아프고, 간혹 일어설 때도 아프고, 더 진행하면 통증 때문에 걷기가 싫어지며, 계단 오르기도 힘들다.
 아주 심해지면 걷고 앉을 때 아프고 소리가 난다.

 밤에도 아파서 잠을 못 이루며 우울증과 분노를 동반하기도 하고, 결국에는 걸을 수가 없다.

 우리의 삶 속에 고통이 찾아왔을 때 이 고통이 어디서 왔는가? 점검해 보고 더욱 말씀 속에서 하나님을 만나 기도에 매달리며 소진된 영혼을 소생시켜야 하듯이, 관절에 통증이 조

금이라도 느껴진다면 통증 자체가 손상된 관절을 보호하라는 신호로 받아들여야 한다.

관절염이 왔을 때 가족도 함께 그 고통을 인정해 주고 위로해 줘야 하겠지만, 결국 통증은 환자의 마음속에서 해결되어야 할 문제이다.

치료 중인 어떤 환자에게
"좀 나으셨어요?" 하고 물으니,

"죽어야 낫겠지요"라고 하였다.

주님만 쳐다보면, 십자가만 생각하면 고통이 없어진다.

죄의 찌꺼기를 씻어야 치유된다

엄마 화장대 거울 앞에 앉은 어린 딸은 눈에 아이새도를 바른다.

분첩을 뽑아들어 볼에 묻히고는 다시 거울을 한참 보다가 입술에 빨간 루주를 칠하고, 입술을 빨면서 머리를 좌우로 쳐다본다. 자못 심각하다.

딸은 엄마를 닮으려 한다.

뒤에 서있는 엄마는 마냥 즐거워하며 미소 짓고 있다.

하나님은 인간이 자신을 닮도록 지으셨고, 인간이라는 거울을 보고 그 거울 안에서 자신의 모습을 보시고 기뻐하신다.

인간이 하나님의 큰 영광을 반영하고 있기에, 인간이라는 거울 속에 자신의 영광이 빛나는 것을 보시고 기뻐하시는 것이 창조의 목적이다.

인간이 예배할 때 그 영광이 가장 빛나는 것이다.

우리 인간의 마음에 하나님이 계시지 않고 다른 것을 추구하는 죄 가운데 있다면 빛을 잃고 하나님을 예배할 수 없다.

어떻게 예배를 회복할 수 있을까?

어떻게 하나님의 영광이 다시 빛을 발할까?

회개하여 죄를 비우고 하나님의 모습을 회복할 때이며, 이때에 하나님이 기뻐하실 것이다.

여기서 말만 들어도 두려운 무릎의 퇴행성관절염의 치료 중 일부를 생각해 본다.

말기의 퇴행성관절염에는 인공관절 치환수술이 필요하나, 진행 중인 상태에서는 **관절내시경**에 의한 세척법이 좋은 효과를 보인다.

그 이유가 무엇인가?

나이가 들어 관절의 연골이 마모되고 퇴화되면서 염증이 생길 때 프로테아제 등의 나쁜 효소가 관절 안에 생겨 관절염의 진행을 가속시키므로, 관절연골은 더 마모되고 더 큰 고통을 가져온다.

이때에 관절내시경으로 관절 안을 들여다보면서 나쁜 체액인 효소와 연골찌꺼기와 부산물을 세척하여 관절 속을 비워내고, 잘못 형성된 부분을 벗겨 잘라버리면 새 관절로 회복되는데 도움이 된다. 통증도 없어지고 관절의 움직임도 좋아진다. 비우면 치유된다.

우리의 영혼도 텅 비어야 그 안에서 영혼의 메아리가 울리고, 하나님의 형상이 회복된다.
이제는 가진 것에 집착하던 내가 예수님께서 살아가신 자기 비움을 통해서 영성이 충만해져야겠다.
내 안에 예수 그리스도가 사는 것이다.

지금까지의 삶을 끊어야(미워해야) 하고, 끊는 아픔도 견뎌야 한다.

또 하늘나라를 위하여 모든 소유를 포기하고 무소유가 되어 하나님을 사랑해야 한다고 예수님은 말씀하신다.

예수님께서 제자들을 사랑했던 것처럼 우리도 가난한 이웃을 사랑하는 것이다.
자신에게 돌아오는 이익과 가치를 포기하고 이웃에게 조건 없이 나눠주자.
이런 삶이 진정한 예배가 아닐까?

반월상 연골판 손상의 치유와 관계 회복

좋은 의사란 세상의 고통 받는 병자를 위해 자기 생명까지도 바쳐가며 희생할 각오로 살아간다. 환자의 육체적 고통뿐만 아니라, 그의 정신적 고통까지 치료해주고 싶은 긍휼한 마음을 지니고 병자를 사랑하고, 인내하며 살아가야 한다.

근처의 자동차 공장에서 근무하는 30대 후반의 남자는 회사 체육대회에서 무릎을 다친 적이 있었다고 한다. 그 후 수년간 무릎 통증을 호소해 왔다.

계단을 오르내릴 때 약간 아프고 불안정하며, 무릎을 구부릴 때에도 완전히 굽히지도 못하고 펼 수도 없다고 한다. 진찰해본 결과, 무릎 속의 뼈와 뼈 사이의 구조인 충격흡수 역할을 하는 반달모양의 연골판(반월상 연골판)이 찢어진 것 같아 MRI검사를 한 결과 진찰 소견과 같았다. **반월상 연골판 손상**은 무릎 손상 중에서 가장 높은 빈도를 보이며, 운동경기 중의 부상에서 흔히 볼 수 있다.

손상기전은 무릎을 구부리면서 회전운동을 가해질 때 발생한다. 진단은 보통 임상검사 법으로 진찰하여 알 수가 있고, 관절경 검사나 관절 속의 조영제를 넣고 조사하는 관절 조영술과 MRI(자기공명검사)촬영으로 한다.

치료는 약물과 물리치료를 하는 보존적 치료와 연골을 절제하는 수술적 치료가 있다.
앞의 환자의 경우 관절경시술을 하였더니 파열이 심하여 연골판을 제거하는 수술을 하였다. 그 후 한동안 물리치료를 하면서 치료를 받아왔다.

이 환자는 며칠 안 되는 이 질환의 치료과정에서 의사 때문에 이 병이 늦게 치료되는 것처럼 트집을 잡고 사사건건 속을 뒤집어 놓는 표현을 하였고, 많은 간호사들을 울리기도 하였다. 우리들은 입원기간 내내 최대한의 인내력을 가지고 환자를 이해시키며 치료를 하였다.

정신적으로 자립이 안 되는 사람은 자신의 일은 물론 상대에 대한 배려도 없다.

그런 사람과 함께 있으면 왠지 마음이 불편하다. 그러나 우리는 이런 사람들의 몸과 마음을 건전하게 하여주고, 정신적으로 자립하여 즐겁게 되도록 옆에서 도와야 한다. 자신이 즐거우면 남을 위해 배려나, 서비스와 감사가 저절로 나올 것이다.

한편, 같은 질환의 무릎수술을 한 다른 환자가 있었다. 수술받기 전부디 겸손한 마음으로 감사하다 하며 치료를 잘해주실 것이라 믿는다 하였다. 이 환자를 수술한 후에 입원실에서 회진할 때면 늘 치료를 잘해주어서 감사하다는 표현을 아끼지 않았다. 이 두 환자를 보면서 많은 생각을 갖게 되었다.

예수의 기본 가르침은 모든 사람을 조건 없이 받아들이는 것이다. 이런 실천이 더없이 힘든 일이기는 하지만, 이를 수행할 능력은 누구에게나 주어졌다.

    여기에 필요한 것은 단 두 가지이다. 고통과 사랑뿐이다. 고통은 누구나 당할 수 있고, 사랑도 누구나 할 수 있다.

인공관절 치환수술,
내 무릎에 인공관절이, 내 안에 그리스도가!

75세 된 할머니가 어구적어구적 무릎이 아파서 찾아오셨다.

평생 밭일을 하면서 돈을 모아 자식들의 교육을 시키느라고 당신 몸이 닳아 없어지는 고통은 생각해보지도 못했단다.

"의사 양반, 이제는 더 이상 아파서 걸을 수도 없어. 견디기가 힘들어. 가만히 있어도 아프고 걸으면 뼈가 부딪히는 소리가 나면서 몹시 아파.

다리가 잘 안 움직여져.

밤에 아파서 잠을 못 이루는 날이 많아. 입맛도 없어. 약을 먹어도 소용없고.

어떻게 안 아프게 안 될까?"

"할머니 무릎 속에 인공관절을 해 넣는 수술을 받으시면 안 아파요."

"수술 안 받고 약이나 주사로는 안 되나? 이제는 아픈 것이 싫어."

"할머니, 자식들도 안 아프게 낳으셨어요? 마취하고 수술하면 안 아파요 할머니!"

"그래, 알았어. 해줘. 믿고 왔자나."

인공관절 수술은 무릎 속의 닳아 없어진 연골을 떼어내고 치환물을 씌워 넣는 것이다.

이제는 한번 수술로 30년 이상 평생 사용이 가능하고, 거의 정상에 가깝게 다리를 움직일 수 있다.

필자도 인공관절 수술을 시술한지 벌써 25년이나 되었다.

늘 같은 수술을 할 때마다 진보를 위해 노력해 왔고, 매번 긴장되며 이런 생각을 하게 된다. 어떻게 하면 안 아프고 잘 움직이며, 수술 흔적도 없이 예쁜 다리를 만들 수 있을까?

수술하면서, 사막의 교부들이 했던 기도를 한다.

"예수님, 자비를 베푸소서!

예수님, 자비를 베푸소서! (잘 낫게 하여 주세요)"

한 시간 수술 내내 숨 쉴 때마다 기도를 한다.

또 한 가지는 환자의 몸이 인공관절이 형성되어 새로운 다리가 되듯이, 내 안과 환자의 몸에 그리스도가 형성되길 묵상해 본다.

환자가 새 관절이 만들어질 때까지 치료과정에서 고통을 겪

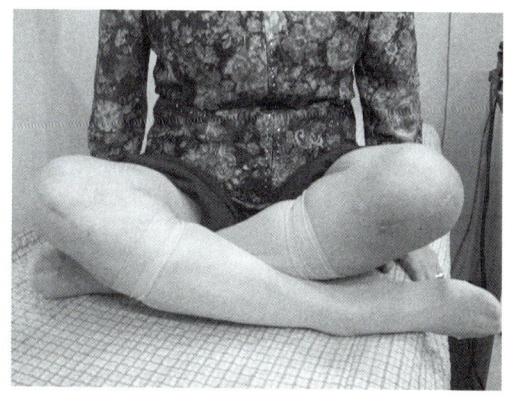

수술 후 앉아있는 모습

듯이(사실 마취를 하여 수술 중에는 고통이 없다) 나도 내 몸에 그리스도가 형성되어 탄생할 때까지 해산의 고통을 겪어야 하며, 이 환자의 안에도 그리스도가 형성되길 내가 수고하며 헌신해야 한다.

내가 만나는 모든 환자, 보호자 안에 그리스도가 형성될 때까지 겪는 해산의 고통은 우리가 참 크리스천으로 살기 위해 겪어야 하는 것이다.

의사를 믿고 인공관절 수술을 받은 사람은 새로운 다리로 살 수 있듯이 그리스도를 받아들이는 사람은 그 안에 그리스도가 형성되고, 그리스도께서 사신 것처럼 살아야 한다.

이제 하나님을 만나게 해주는 가난한 삶을 살아야 한다.
가난은 자신을 벗어나는 데 있다.
가식 없이 자신을 벗겨버리고 가진 것을 다른 사람, 특히 없는 사람과 나누는 것이다.
이런 가난한 마음 안에 그리스도가 형성된다.
남을 위하는 가난한 사람은 행복하다.

인공관절 수술을 받았던 그 할머니도 이제는 고통 없이 행복하다.

치료의 적절한 시기

"인생은 타이밍이다."

인간관계에서는 물론이고 특히 스포츠경기를 관람할 때는 타이밍이 핵심적인 법칙처럼 느껴진다.

배구경기에서 시간차 공격이 득점으로 이어질 때 우리는 짜릿한 쾌감을 맛보았고, 월드컵축구 경기에서 시합 종료를 앞두고 터진 안정환의 골문 앞 헤딩슛은 탄성을 자아내게 했으며, 국민에게 큰 기쁨을 선사했다.

필자의 경험으로 한번은 잇몸이 붓고 고통스런 풍치를 (바쁘다는 핑계로) 방치하다가 결국 치과에서 발치(拔齒)까지 해야 하는 상황에 이르렀는데, 그날따라 응급수술을 하느라 또 한번의 치료시기를 놓치게 되었다.

여러 날 후에 잇몸 전체가 붓고 염증이 생겨 수술을 받게 되는 고통을 겪었고, 발치는 연기되었다.
바보들은 항상 바쁘다고만 하며 고통을 짊어지고 산다.
내가 그 꼴이 되었다.

지난해 여름. 60대 초반의 여자 환자가 무릎통증을 호소하여 병원을 찾았다.
진찰한 결과 관절 내시경으로 절개 없이 간단히 치료를 하면 빠른 시일 내에 호전될 것으로 판단되어 관절 내시경수술을 권하게 되었다.

그러나 환자 본인의 개인적인 사정으로 치료를 미루게 되었고, 4개월이 지난 후 그 환자는 무릎이 몹시 아파 더 이상 참을 수 없다며 강화인삼을 선물로 들고 다시 병원을 찾았다.
방사선 촬영을 통해 다시 진찰한 결과 무릎 뼈 사이에 간격이 좁아지고 뼈가 자라, 인공관절 치환수술을 받아야 하는 지경에 이르렀다.

인공관절수술에 비해 관절 내시경수술은 거의 정상의 무릎 기능을 할 수 있고, 수술 또한 간단함에도 불구하고 환자가 치료시기를 맞추지 못하여 좀 더 힘든 과정을 겪게 되었다.
호미로 막을 일을 가래로 막게 된 경우라 할 수 있다.

치료에도 적정 시기가 있다. 이 시기를 놓치면 질병이 회복하기가 어렵다.
하나님과의 관계가 바로서지 못하는 경우에도 회복해야 하는 시기가 있는가?
빠르면 빠를수록 영적 성장에 좋듯이, 질병의 치료에도 바로 지금이 최적의 타이밍일 것이다.

질병 속에 숨겨진 하나님의 은혜

우리 병원은 주로 크리스천들이 치료를 받는다. 각 교회의 많은 여선교회장, 장로님들이 치료를 받으신다. 오랜 봉사와 나이 드심 때문에 병이 많을 것이다.

이번에 우리 병원을 위해서 기도를 많이 해주시는 80세 장로님이 무릎관절염 수술을 하려고 입원하셨다.

어떤 집사님이,
"기도도 많이 하시고, 신앙 좋으신 분이 왜 수술 받으세요?"

"늙어서 아프니깐 그렇지. 내가 21살(한국 전쟁 중)에 죽었으면 병도 없고 수술도 안 받았겠지"

하는 대화를 들었다.

질병은 우리 안의 보물을 발견할 수 있는 좋은 기회이다.
누구나 병에 안 걸리고 건강하게 살기를 바랄 것이다. 그러나 건강하게만 살아간다면, 우리는 삶의 껍데기로 건성으로 살아가게 되고 본질에 접근하지 못한다.

본성적으로 우리는 하나님께 대하여 민감한 반응과 관심을 갖지 못하고, 하나님의 기뻐하시고 원하시는 삶을 살아가려는 존재가 못된다.

그래서 **질병**은 우리를 참된 삶으로 인도하여 우리 안에 있는 보물을 발견하시길 원하시는 하나님의 부르심이 될 수 있다.
이런 의미에서 질병은 잃어버린 건강에 대한 슬픔과 아픔과 고통 속에서 하나님을 향해 자신을 깨뜨리고 열어놓도록 한다.

하나님께서 직접 나의 질병을 통하여 나의 참모습을 알려주신다.

이 질병을 관통하여 영혼과 육체의 참되고 깊은 구원을 가져오실 수 있는 분이신 하나님께로 손을 뻗칠 수 있다.

내가 아픈 바로 그곳에 나의 보물이 놓여있다.

우리는 질병을 약이나 의사를 찾기 전에 질병과의 대화하는 시간을 가져야 한다.

아마도 질병은 우리에게 자신을 잘 다스리지 못하고 있음을 알려주고 있을지도 모른다. 또 우리 안에 살아 계신 성령에 반대되는 삶을 살아가고 있음을 알려주고자 하는지도 모른다.

이렇게 영혼의 상태를 알려주는 질병도 있지만 외부에서 운명적으로 다가와 우리를 괴롭히는 질병도 있다. 이럴 때 우리는 그 질병과 화해하면서 그 속에서 하나님께 우리를 전적으로 내어드려야 한다.

하나님은 자주 생각지도 않는 방법으로 완전히 다르게 우리를 인도하신다.

질병 속에서 우리는 완전히 이해할 수 있는 하나님을 만나게 된다.

　내가 설정한 모든 계획은 버리고 자신을 참된 하나님께 온전히 내맡기자.

　고통 가운데 있는 우리에게 하나님이 다가오셔서 완벽하게 우리를 주님의 것으로 삼으실 것이다.

퇴행성관절염의 궁극적인 치유

사도 바울은 "이 세상의 모든 것은 곧 사라져버리고, 우리에게 남은 시간은 짧고, 주님의 일을 할 기회가 많지 않다"고 한다.

할 일 많은 우리에게 퇴행성관절염이란 병이 닥쳐와 절망과 무력감에 빠질 수가 있다.

우리는 잃어버리고 사라져가는 퇴행성 질환에 대한 준비가 필요하다.

관절염이란 관절의 염증(붓고 아픈 것)을 말하는 것이다. 뼈와 뼈들이 맞닿아서 움직이는 관절은 매끄러운 연골로 덮여있어 충격을 완화시키고 보호해주면서 원활하게 움직이게 해준다. 연골은 혈관이 없어 관절 속에 있는 관절액을 통해 영양을 공급 받으며, 신경이 없어서 이상이 있어도 아픈 것을 느끼지 못한다. 따라서 관절염 때 아픈 것은 관절이 붓거나 주위 조직에 자극을 주기 때문이다.

관절염의 처음 증상은 무릎 통증인데, 간혹 일어설 때 아프고 더 진행하면 아파서 걷기가 싫어지고 계단 오르내리기가 힘들며, 아주 심해지면 걷지 않을 때도 아프고 밤에도 아파서 잠을 못 이루다 결국에는 걸을 수도 없게 된다.

치료 목적은 아프지 않게 하면서 무릎 기능을 최대한 보존하는데 있다. 유의해야 할 사항은 한번 퇴행성 변화 즉, 노화가 시작되면 다시 이전상태로 돌아가기 힘들며, 노화는 시간이 갈수록 심해진다는 점이다. 그렇다고 해서 아무런 치료도 하지 않고 아픈 것을 참고 지내는 것은 현명하지 못하다. 치료를 하면 통증이 없어졌다가 무리를 하면 다시 아플 수 있다. 증상은 병 진행 정도에 비례하지만, 반드시 그렇지는 않고 통증도 항상 있는 것이 아니라 시시각각 변할 수 있다. 치료는 대증요법으로 물리치료, 운동치료, 약물치료가 있고, 수술하는 방법이 있다.

퇴행성관절염은 예방될 수 있다. 현재의 상태에서 최적의 치료가 가장 좋은 예방법이다. 관절을 보호해주는 건강식을 섭취하면서 이상적인 몸무게를 유지하여 관절에 가해지는 압박을 줄이고, 규칙적으로 운동하여 부상을 예방해야 한다.

최근에는 글루코사민과 콘드로이친황산을 사용하여 연골재생을 촉진시킬 수 있으므로, 관절염 예방에 큰 도움이 된다.

우리가 먹는 음식, 식품, 약은 섭취되어 우리 몸속에서 세포로 변화함으로써 우리 몸이 형성된다. 즉, 우리가 먹은 것이 바로 우리를 만든다.

우리가 하나님 안에 뿌리박고 그리스도의 몸을 입은 세포가 됨을 영적으로 감지할 때, 매일 매일 성경말씀을 상고하고 순종하는 삶을 사는 것이 그리스도와 하나가 되는 삶을 사는 것이다.

이제는 사라져가는 세상에 대한 애착과 미련을 버리고, 하나님과 일치하여 그리스도 안에서 변화되어야 한다.
이것이 퇴행성관절염의 궁극적인 치유인 것이다.

고관절(엉덩이관절) 치환수술,
믿음대로 낫는다

40대의 젊은 남자는 수년 동안 허리, 둔부, 엉덩이(대퇴부)에 심한 통증으로 약물, 물리치료를 받아왔으나, 크게 나아지는 것 없이 같은 치료를 받아왔다. 그 후 점점 심해져서 본원을 찾게 되었다.

경증의 허리디스크 증상과 만성 신질환이 있어서 그렇게 아픈 줄만 알고 살아왔다.

환자를 진찰해보니 아무래도 고관절에 문제인 것 같아 일반 방사선 사진을 보니 별로 특별한 소견이 없었다. 그래서 좀 더

확인하려고 MRI사진을 찍어보니, **엉덩이 관절에 무혈성 괴사증**으로 나타났다.

이 질환은 엉덩이 관절이 순환장애로 인하여 괴사(삭는다)에 빠짐으로 일어나는 병이다. 골두(뼈의 머리)가 변형되고 퇴화되어 동통과 관절기능에 제한을 가져온다.
원인은 과다한 음주, 잠수병, 방사선조사, 결합조직병, 만성 신질환, 장기이식 등이 있고, MRI촬영을 하여 진단하게 된다.

치료는 수술방법밖에는 없어서 인공관절치환수술을 할 수밖에 없다.
이 환자의 수술 전 검사를 해보니 신장의 기능이 크게 감소되어 수술 후 급성 신부전증에 빠질 염려가 있어서 큰 병원에 가서 수술을 받으라고 권하였다. 그러나 그는 수년 만에 이곳에서 병명이 발견되었다며 꼭 새힘병원에서 수술을 받겠다고 한다.

"선생님께서 수술을 해주시면 잘 될 거라고 믿고 있어요. 어떤 문제가 생기면 감수하겠으며, 그때 가서 큰 병원에 가서 치료하겠습니다"라고 하여 수술하게 되었고, 쾌유되어 고통

없이 잘 보행하고 있다.

환자가 의사를 믿고 의사가 환자를 믿는, 상호신뢰관계(라포)가 잘 형성되면 병이 잘 낫는다.

우리는 불확실한 믿음 때문에 방황할 때가 없는가? 예수님을 정말로 주님으로 믿어야 할지, 혹시 구체적인 증거도 없는 그분에 대한 믿음이 헛된 것은 아닐지 의심할 수 있다.
믿는다는 것은 비록 의심이 우리를 괴롭힌다 하더라도 주님의 말씀대로 우리 삶을 전적으로 투신하는 것일 것이다.
그래야만 비로소 주님이 그리스도인 것을 온전히 알 수 있다.

귓가에 찬송가 344장 "이 눈에 아무 증거 아니 뵈어도 믿음만을 가지고 늘 걸으며…"가 맴돈다.

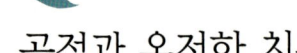
골절과 온전한 치유

겨울철은 땅이 얼어붙어 미끄럽고 몸이 웅크러지는 영어의 계절이다.

이때는 유달리 뼈가 부러져 병원을 찾는 환자가 많다.

우리 교회에 뒤늦게 집사로 피택받은 나이 드신 성도님이 눈길에 넘어져 어깨가 크게 붓고 몹시 아파서 팔을 가눌 수가 없어, 병원에 가서 검사를 했다. 그랬더니 쇄골(빗장뼈)이 어깨와 목 사이의 살 속에서 조각조각 골절이 생겨 튕기려져 있어서 빨리 수술을 해야 한다는 권유를 받았다.

그런데 문제는 신천 집사 교육기간이라 고민 고민 하다가 병원을 나와서 아픈 몸으로 교회를 찾아가 한 주간 교육을 받았다. 몸은 아프지만 마음은 은혜로 충만해 있었다.

처음 갔던 병원은 미안해서 못가고 우리 병원을 찾아 수술을 받았다.

부러지고 흩어져 있는 뼈를 제 위치에 맞추고, 철사로 감고, 금속판과 나사못으로 고정하는 복잡한 수술을 받아 잘 치유되고 있다.

골절이 의심될 때 가장 중요하고 먼저 시행해야 할 것은 골절부위의 고정이다.

고정하면 부러진 뼈 주위의 연부조직의 손상을 피하고, 부종을 줄여 통증을 감소시키면서 합병증을 줄일 수 있다. 그 다음에 냉찜질을 하여 더 이상의 출혈을 막고 골절부위를 심장 위치보다 높여주고 안정해야 한다. 또 치료기간 내내 주위 관절이 굳어지거나 근육을 사용하지 않아 위축되는 일이 없도록 재활운동이 꼭 필요하다.

부러진 뼈를 맞춘다는 의미, 곧 치유한다는 말은 온전케 한다는 뜻을 지닌다.

손상된 구조뿐만 아니라 기능까지 완전히 작용하도록 원상 회복시켜주는 것이다. 나아가서 진정한 치유는 육체뿐만 아니라 정신과 영적인 면에서의 완전한 회복을 의미한다.

우리 인간에게 전인적인 진정한 치유의 길은 바로 예수 그리스도를 만나는 길이다.

뼈가 부러진 환자는 병원을 찾아 의사가 수술을 하고 간호사가 돌보아 회복을 돕지만, 부러진 마음, 가정, 꿈, 삶으로 고통 받고 깨진 믿음으로 다리를 저는 이들은 교회에서 치료를 받아야 한다.

교회가 교회로서 제 기능을 잘 발휘하면 이들이 치유를 얻어 온전케 된다.

교회의 각 부서에서 말씀도 가르치고, 중보기도도 하고, 복된 소식을 나누는 전도도 하고, 위로하고, 상처를 감싸주는 역할을 한다.

모든 성도도 역할은 달라도 부러진 곳도 치유하는 치유자가 된다.

예수님은 우리에게 은사를 주며 성도를 온전케 하여 봉사의 일을 하게 하고, 그리스도의 몸을 세우라는(엡 4:12) 목표를 주신다.

이 험한 세상에 늘 강한 사람은 없다. '넘어지지' 않게 조심해야 하고, 부러진 자는 교회를 통해 상처를 치유 받을 수 있을 것이다.

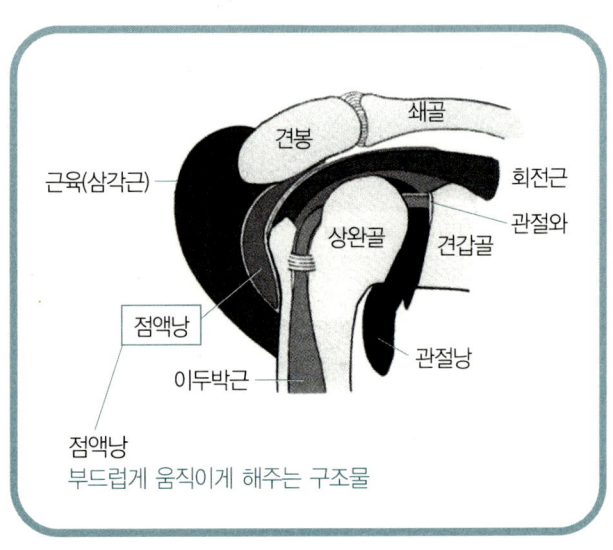

어깨와 팔의 통증

3부

■■ 오십견에서 벗어나기
■■ 고통스런 어깨 통증의 회복
■■ 이 괴로운 어깨 통증, 꾀병이라구요?
■■ 어깨 통증의 가면을 쓴 심리적 긴장
■■ 몸과 마음과 정신이 하나된 것이 건강이다
■■ 어깨 통증, 반드시 치유된다
■■ 테니스 엘보
■■ 움켜쥔 손은 어떻게 펼 수 있을까?
■■ 손을 통하여 영혼이 드러난다

오십견에서 벗어나기

우리 삶에서 가장 중요한 것은 관계인 것 같다.

사람과 사람의 관계와 사람과 하나님과의 관계가 좋아야 행복한 것이다.

우리의 육체도 몸과 사지의 관계가 잘 유지되어야 건강하다.

어깨는 몸과 팔을 연결해 주는 관절인데, 나이가 들면 너무나 많은 분들이 어깨의 통증으로 고생을 한다.

이 어깨의 통증은 주로 구조적인 문제에서 기인한다(3대 원인).

첫째, 관절 자체인 연골 주위의 문제(동결견, 洞結肩).

둘째, 관절을 움직이는 연결구조인 힘줄의 문제(회전근개 파열).

셋째, 관절을 감싸고 있는 근육에서 통증이 생기는 문제(근막통증).

관절 자체의 문제인 오십견에 대해 알아본다.

오십견(또는 동결견)이란 어깨 주위에 특별한 질환이 없는데도 어깨가 통증과 함께 굳어져 팔을 마음대로 들거나 움직일 수 없는 상태를 말한다.

잠을 자다가 아파서 깨어나기가 일쑤이고, 가벼운 운동에도 심한 통증을 느낀다.

외래환자를 볼 때 수개월, 심하게는 수년 동안 이 병원 저 병원을 다니면서 약물치료와 물리치료를 하여도 낫지 않고 고생하다가, 더 심해진 통증으로 찾아온 오십견 환자를 하루에도 여러 명씩 만난다.

아무리 심한 오십견이라도 어깨에 관절 내시경이 들어가서 치료하면 바로 나을 수 있다. 이런 오십견 환자의 치유를 통해 우리는 매일매일 기쁨을 얻곤 한다.

　인간관계도 굳어져 맺혀있어도 영원한 하늘나라의 열쇠인 예수의 십자가가 들어가면 어떤 매듭이든 풀 수 있다.

　이제 매듭을 풀자
　겸손히. 내 탓이야. 내 잘못이야. 미안해요. 감사해요. 사랑해요.
　좋은 관계가 행복한 인생을 만든다.

고통스런 어깨 통증의 회복

나폴레옹이 알프스 산을 넘을 때 "왜 빨간 허리띠를 착용했는지 그 이유를 아는가?" 어렸을 때 친구들끼리 했던 유머 질문이다. 여러 답을 내지만 싱겁게도 정답은 바지가 내려가지 않게 하려고였다.

어깨 통증의 3대 원인인 동결견, 회전근개 파열, 근육통 중에 가장 빈도가 높은 것은 **회전근개 파열**이다. 이것은 어깨 관절을 움직이는 연결구조인 힘줄이 끊어져서 발생하는 것이며, 머리를 빗거나 높은 선반 위의 물건을 짚을 때와 같이 손을 머리 위로 올릴 때, 브래지어 끈을 만지려 허리 뒤로 손이 갈 때 통증을 느낀다.

주로 어깨의 좁은 구조를 가진 사람에게서 힘줄이 충돌하여 끊어지거나 나이가 들면서 회전근의 과도한 사용과 함께 퇴행성 변화로 회전근이 끊어지는 것이다.

문제는 통증이 잘 낫지 않고 계속 진행한다는 것이다. 치료 초기에는 소염진통제와 물리치료를 받거나 적절한 어깨 운동 프로그램으로 도움이 되지만, 진행되어 완전히 파열된 경우는 회전근을 봉합수술로 이어줘야 한다. 어려운 수술이지만 결과는 좋다.

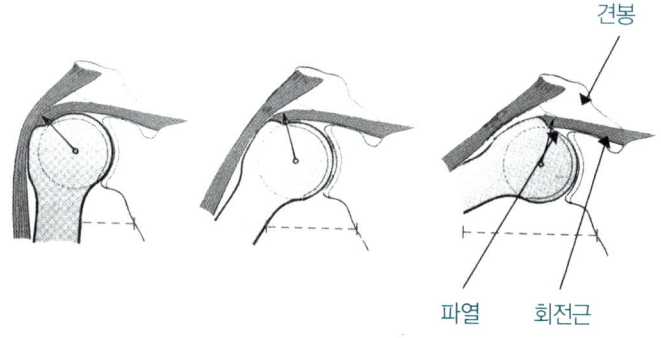

견봉과 회전근이 충돌하여 파열됨

우리는 흉터가 거의 없는 관절 내시경으로 수술을 하여 환자가 빠른 시간 내에 일상생활을 회복하는 좋은 결과를 얻고 있다.

우리 성도들도 영적 세계에 살 때는 평안을 누리지만, 세상 일로 마음이 복잡하고, 근심이 들어오고, 시련에 빠졌을 때는 다른 성도들을 사랑하지 못하고 서로의 관계가 끊어지게 된다. 영적 식별력을 점검해 봐야 하지 않을까? 하나님을 향하여 벗어나지 않았는지, 나의 성품 중에 부족한 것이 무엇인지, 예수님의 십자가로 만들어진 평화의 띠를 착용하는 것이다.

자, 이제 겸손하고, 온유하고, 사랑으로 서로의 결점을 덮어주고 참아주는 너그러운 예수님의 마음을 회복하자. 어렵겠지만 마음먹기에 달려있다.

이 괴로운 어깨 통증, 꾀병이라구요?

아빠는 환자의 몸속의 세포까지 사랑해?

이제 막 독일에서 바이올린 수업을 마치고 돌아온 딸이 의사인 아빠에게 묻는 첫 말이다.

세살부터 바이올린을 배우기 시작하여 대학을 마친 후 5년 동안 독일에서 최고의 교수들에게 수학하고 돌아왔다.

아름답고 신비한 소리가 딸의 바이올린을 통해 들려올 때는 얼마나 기쁜지 모르겠다. 그런데 그 딸의 어깨도 아프다고 소리를 낸다. 어깨 통증의 3대 원인인 동결견, 회전근개 파열,

근막통증 중에서 가장 아파하는 통증인 **근막통증**을 호소하는 것이다.

처음 수개월동안은 목에서 어깨까지 통증이 딱 딱 딱 오고, 작은 충격에도 몹시 아프고 견디기 힘들고, 피곤하여 눕고 싶고, 자다가도 통증으로 잠이 잘 오지 않는다고 한다. 책 하나를 들어도 어깨가 아프고 해서, 바이올린 연습도 하지 못하는 날이 많다. 만져보니 돌덩어리처럼 목에서 어깨까지 근육이 뭉쳐있었다.

더욱 힘들어하는 것은 이 통증을 아빠, 엄마도 몰라준다며 서운해 하고 눈물을 흘리며 안타까워한다. 찾아갔던 의사도 이 통증에 대해서 크게 인정을 안 해 주는 모양이다.
30년 가까이 정경화에 버금가는 최고의 바이올리니스트가 되어야 한다는 스트레스를 안고 고개를 옆으로 젖히며 열심히 바이올린 연습에 몰입하여 살아 왔는데, 이제 그 결과로 근막통증이 생긴 것이다.

좀 낫다는 의사는 모두 찾아가며 아빠 모르게 치료를 받아 왔단다. 그래도 좀처럼 호전이 없어 마지막으로 아빠의 병원으로 유도하여 치료를 시작하였고, 이제는 완치되었다.

여기서 근막통증에 관하여 환자였던 딸에게 본원에서 경험한 치료법에 대해서 알아보자.

첫째, 제일 중요한 것은 쉬는 것으로 육체도 쉬고, 마음도 쉬어야 한다.
둘째, 바른 자세와 바른 습관 그리고 올바른 식생활을 하면서 스트레스를 이겨내야 한다.
셋째, 근막이 이완된, 뼈의 부착된 부위와 뭉쳐진 근육에 증식치료(프로로 테라피)를 받는다.
넷째, 뼈 근처 근막까지 혈액순환을 좋게 하는 고주파 치료가 큰 도움이 된다.
다섯째, 하루도 거르지 않고 스트레칭을 하여 몸을 유연하게 풀어순다.
여섯째, 신경이 고착화된 근육을 풀어서 회복하고, 약해진 근육을 강화시키는 운동치료 프로그램이 최고였다고 한다.

인간관계에서도 굳은 마음의 응어리를 풀어주어 모든 사람과 화평해야 한다. 먼저 마음을 내려놓고 이해하고, 인정해주고, 용서해주고, 사랑해 주어야 한다. 여호와는 마음이 상한 자에게 가까이 하시고, 낙심한 사람을 건져주신다. (시편 34:18)

치유와 전인적 성장을 위한 우리 자신의 노력과 더불어 하나님께서 상처를 치유해 주시도록 청하자.

어깨 통증의 가면을 쓴 심리적 긴장

9월 26일 어깨 통증에 관한 강의를 한다.
어떤 어깨의 병은 듣기만 하여도 반은 낫는다.

어깨의 통증을 유발하는 3대 원인은 ① 오십견 ② 회전근개 파열 ③ 근막통증이라고 언급했다.
이 질환은 모두 신체구조의 이상으로 통증이 생기며, 쉽게 치유되는 편이다.

오늘은 어깨나 목이 고통스럽긴 해도 인체에는 이상이 없는 신체조직의 생리적 이상이며, 심리적이고 정서적인 문제에서 발생할 수 있는 '**긴장성 근육통증후군**'이라는 질환에 대해 알아본다.

이 질환은 목과 어깨의 근육, 힘줄, 인대의 생리적인 변화가 원인이 되어 급성통증으로 온다.

나도 모르게 걱정과 분노가 쌓이고 쌓여서 일정 수위를 넘어서면 억압된 감정에 대한 방어기전으로서 통증이 나타난다. 바늘로 콕콕 찌르는 듯이 몹시 고통스럽고 무기력이 동반된다.
이 질환은 사회 활동과 책임이 큰 30대에서 60대 사이에 흔하고, 팔을 움직이는데 필요한 목과 어깨 근육에 많이 온다.

세네카는 치유에 대한 갈망만으로 이미 건강의 절반을 얻은 것이라 했다.
통증의 원인이 무엇인가를(일상의 사소한 심리적 상처 때문에 긴장과 두려움, 통증이라는 악순환이 온다) 이해하고 알고자 노력하면서….
"이 고통은 사라질 것이라"고 되뇌기만 하여도 놀랍게도 통증이 많이 사라진다.

그런 다음에는 신체활동이 회복되도록 운동을 계속하는 것이다.

독일의 플롯 연주자 크반츠는 악보뿐만 아니라 악기 또한 잘 다룰 줄 아는 연주자라야 청중에게 좋은 음악을 들려줄 수 있다고 한다. 긴장성 근육통증후군에 관해서도 마찬가지라서 환자의 몸과 마음을 함께 다룰 줄 아는 의사의 진단을 받는다는 것은 행운이다.

이런 의사는 환자에게 사랑이 넘친 관심과 지속적인 지지를 베풀고 있기 때문에 만남 자체가 치유의 길에 들어서는 것이다. 그러나 긴장성 근육통증후군의 근원적인 진짜 해결책에 대한 '희망'이 있다.

"나는 너희 마음에 나의 평안을 남기고 간다.
내가 주는 평안은 세상이 주는 평안과는 다르다.
그러니 불안해하거나 두려워하지 말라. (요한복음 14:27)

예수와의 결속 관계 안에서 치유와 구원과 영생이 있는 것이다.

몸과 마음과 정신이 하나된 것이 건강이다

누구를 죽도록 사랑해 보았는가?
그것도 나를 눈곱만치도 생각하지 않는 그 사람을….

황진이를 너무 애절하게 사랑하다가 뜻을 이루지 못하고 결국 죽음을 맞이하는 은호 도령이 있다. 그리워하고 또 그리워하는 속앓이 끝에 우울증이 생기고 식음을 전폐하더니, 시름시름 앓다가 결국 죽음을 맞는다.

은호 도령의 장례 행려는 황진이의 교방 앞에서 움직이지 않고 멈추게 된다.

　황진이는 관 앞에 나와서 혼례 때 입으려던 혼례복 치마로 관을 덮어주고

　"이제 별당아씨는 죽었습니다. 편안히 가십시오"라고 통곡하며, 은호 도령의 혼을 달래어 행려를 보낸다.

　마음의 병이 나서 육체가 죽음의 병에 이르는 상사병의 마지막 모습이다.

　필자의 어머니가 오랜 지병으로 투병생활을 하시던 중에 죽음을 넘나드는 고비를 최근에 여러 번 겪었다. 그때마다 마음속에 불효했던 일들이 떠오르며 목과 어깨의 근육통이 심하게 나타났다. 심장 속, 폐 속까지 찌르는 듯한 통증이 연일 계속되었다.

　어머니의 증상이 호전되면 나의 어깨 통증이 가셨다가 어머니 증상이 악화되면 통증도 더욱 심해지곤 했다. 이제 어머니는 많이 좋아지셨지만, 나의 어깨에 작은 통증은 남아있다.

　몸의 만성통증을 보이는 환자의 대부분은 무의식에 내재된 깊고 깊은 격심한 분노가 자신의 노출을 숨기기 위하여 신체통증이라는 현상을 만들어 관심을 분산시킨다.

즉, 마음의 고통을 줄이기 위해 신체가 아프게 되는 것이다. 국소적인 치료만으로는 효과가 없으며, 본질적인 심리치료도 필요하다. 무의식에서도 정신과 신체가 하나가 되어 정신적 문제가 신체에 나타나고, 신체적 질병이 정신에 영향을 미친다.

이렇게 되면 정신적으로는 안정을 찾게 되나, 신체의 증상은 지속되게 된다.

이 육체의 통증이 신체적인 결함에 있는 것이 아니라 무의식에 의한 것임을 인식하면 통증이 완화되기 시작한다. 이런 질환이 스트레스 내지 신경과민에 의한 긴장에서 오는 질환이라고 해서 '긴장성 근막통 증후군'이라고 한다.

대뇌가 척추신경에 작용하여 근육에 통증, 마비, 따끔따끔, 저림, 약화 등을 초래하게 된다.

몸만을 치료하는 것으로는 충분치 않으며, 마음과 정신을 함께 치료해야 한다는 심신상관학설이 있다. 정신과에서는 정신신체의학이라고도 한다.

실제로 마음과 정신에 손을 쓰지 않으면 우리 몸의 병세는 재발할 가능성이 많다.

  왜냐하면 몸은 우리가 정신적 차원에서 어떤 상태에 놓여있는가를 보여주는 표현이기 때문이다.

  이 심신상관학설에 입각한 의학은 몸과 마음과 정신이 합쳐진 것이 건강이라고 정의된다.

  이제는 우리 자신의 생각이 세상을 향하지 않고 하나님을 향해야 하고, 우리 마음이 예수님께 다가가서 신적 깨달음을 가져야겠다.

  그래서 마음과 행동이 예수님을 닮아야 되고, 그 다음 성령이 우리 내면에 임재해야 한다.

  성령은 살아가고 누리는 생명으로서 우리 생각의 범주를 넘어 행복으로 나가는 강화된 건강이다.

  이때 우리는 하나님과 하나 되어 진리와 사랑인 하나님의 행복에 참여하는 것이다.

  이것이 인간의 궁극적인 건강이다.

어깨 통증, 반드시 치유된다

(여호와가 이르신 대로) 노아가 방주를 다 만든 후에 달팽이가 방주로 들어갈 때 얼마나 오랜 시간이 걸렸을까?

일부 어깨 관절 환자에게 강직현상을 치료한 후에도 부분적으로 남아 있는 강직이 상당기간동안 지속되므로, 자가 운동치료를 하게 된다. 자가 운동치료법은 두 단계로 나눠지는데 첫 번째 단계는 신장운동 프로그램(스트레칭)이고, 두 번째 단계는 적응 요법이다.

아픈 팔을 똑바로 머리 위까지 올리거나 팔을 회전시키는 신장운동을 계속하는 동안 통증을 느낄 수 있는데, 이때 꼭 명심해야 할 일은 중단하거나 운동 횟수를 바꾸면 안 되고 운동 강도만 줄이면서 계속해야 한다.

적응 요법은 환자의 관절을 부드럽게 유지되도록 도와주는 것이다.
하루 30분씩 걷기나 조깅, 자전거 타기, 계단 오르기 등의 에어로빅 운동을 하면 좋다.

앞의 신장운동 프로그램과 적응 운동은 동시에 매일 하루 30분씩 하는 것이 중요하고, 인내를 가지고 6주간 이상 치료를 계속하다보면 차도가 있는 것을 느끼게 된다.
정상에 가까운 운동 범위를 회복하거나 편안함을 느낄 때까지 운동을 한다.

질병에 따라 의사의 처방이 다르듯 운동 프로그램도 환자 각자의 신체적 특성에 맞는 처방을 받아야 한다. 운동 처방은 건강한 사람에게는 질병을 예방할 수 있도록 해주며, 질병이 있는 사람에게도 신체 기능을 회복하도록 도와준다.

특히, 운동 처방은 유연성과 근력, 지구력을 증진시키는데 도움을 준다.

우리 하나님은 상심한 자를 고치시며, 저희 상처를 싸매시는 도다. (시편 147:3)

하나님은 우리의 모든 상처를 낫게 해준다는 확신을 준다. 이런 치유는 깨닫지 못할 만큼 서서히 이루어진다.

일상 일에 편안함을 느끼고, 스스로에게 관대해지고, 다른 이에게 친밀한 인간관계를 맺기 원하고, 도움의 손길을 펴게 되면서 더욱 성장하고, 균형 잡히고, 전인적으로 되어감을 느낀다면 치유되는 것이다. 치유되기 위해서는 시간이 필요하다.

그러나 반드시 이루어진다.

테니스 엘보

테니스 엘보 하면 많은 이들은 테니스운동을 하다가 발생한다고 생각하지만, 주부, 학생, 생산직 근로자 등이 모두 이 질환으로 고통을 겪고 있다.

팔꿈치 주위의 심한 통증을 야기하는 질환들이 많은데, 테니스 엘보가 그 대표적인 질환이다.

팔꿈치의 바깥 뼈에 붙어서 손가락을 펼치는 일을 하는 힘줄이 시작하는 부위의 병이다.

퇴행성과정과 외상, 과용으로 팔꿈치의 힘줄이 뼈에서 이완되거나 미세하게 찢어지면서 분리되며, 통증이 생기고 팔의 기능이 떨어진다.

빨래 짜듯 강력히 비트는 힘으로 손목을 구부리는 작업을 반복적으로 하는 사람에게서 주로 생긴다.

이때의 통증은 국한되지만 팔을 못 들어 물건을 들지 못하고, 심하면 숟가락질도 할 수 없다.

치료는 처음에 진통소염제를 복용하고 파스를 붙이거나 물리치료를 하고 부목도 대지만, 진행되고 낫지 않으면 스테로이드제도 투여한다.

그러나 최근에는 이완되고 떨어진 힘줄을 강화시키는 증식요법을 사용하여 크게 효과를 보고 있다.

3개월 이상 지나도 치료가 안 되면 관절내시경으로 떨어지고 상처 난 조직을 제거하면 잘 낫는다.

또 팔목 안쪽의 뼈에 붙어서 손가락을 구부리는 일을 하는 힘줄이 뼈에서 이완되거나 찢어지면서 떨어져 분리된 경우를 '**골프 엘보**'라고 한다.

야구공이나 럭비공을 던지거나, 무거운 것을 옮기거나, 골프를 칠 때, 반복적으로 굽히는 운동을 자주할 때 생긴다.

테니스 엘보나 골프 엘보는 뼈에서 힘줄이 잘 붙어있지 않고 이완되거나 찢어져 분리된 것이다.

예수님은
"나는 포도나무요, 너희는 가지니 저가 내 안에, 내가 저 안에 있으면 이 사람은 과일을 많이 맺나니 나를 떠나서는 너희가 아무것도 할 수 없느니라" 하셨다.

믿는 자로서 자라 역량을 온전히 발휘하려면 그리스도께 단단히 꼭 붙어 있어야 한다.

그분과 분리되면 영적으로 시들고 그리스도인이라는 자신의 실존을 지탱하지 못한 채 말라 비틀어져 죽고 만다.

"내 안에 있으라. 그러면 내가 너희 안에 있으리라." (요 15:4)

움켜쥔 손은 어떻게 펼 수 있을까?

소매치기 부부가 산달이 되어 산부인과를 찾는다.

임산부의 초음파검사에서 태아가 거꾸로 자리를 잡고 있어서 의사가 손으로 태아의 위치를 돌려 분만했다.
태어난 아이가 손을 꼭 움켜쥐고 있어서 억지로 펴보았더니 놀랍게도 반지가 있었다.
그 반지는 조금 전까지 산부인과 의사가 끼고 있던 반지다.

우리가 잘 알고 있는 우스운 얘기지만 우리 모두의 양손과

120_네가 낫기를 원하느냐

영혼의 모양도 이렇지 않을까 생각해 본다.

괴로움, 미움, 질투, 실망, 복수를 향한 욕구, 부와 명예 등을 결코 포기해서는 안 될 보물인양 꽉 움켜쥐고 있다.

움켜쥔 손은 긴장상태이고, 자신에게 단단히 집착하려는 욕구이며, 두려움을 피하려는 갈망을 나타낸다.

우리는 움켜쥔 주먹에서 하나님의 형상인 열린 손으로 바꿔줘야 한다.

그러면 어떻게 움켜쥔 손을 펼 수 있을까?

50대 여성이 구부러진 손가락이 잘 안 펴진다고 근심하며 왔다.

젊어서부터 돈이 된다면 어떤 굳은 일이라도 가리지 않고 다 해오면서 억척스럽게 살아왔는데, 이제 손에 병이 난 것이다.

양쪽 가운데 손가락이 모두 권총의 방아쇠처럼 구부러져 잘 안 펴지고, 억지로 당기면 딸깍 소리가 나면서 겨우 펴진다.

손바닥은 힘줄이 부어있었고 콩알만한 것이 만져진다.

밤에 아파서 잠에서 깨기도 한단다.

이 병은 매우 흔한 **'방아쇠 수지'**라는 병이다.

류마티스 관절염이나 장시간 손으로 쥐는 직업을 가진 사람에게서 반복적인 손바닥에의 마찰에 의해 힘줄에 결절이나 종창이 생기고, 힘줄통로(건막)가 비후되어 힘줄이 지나가는 통로가 좁아져 이 병이 생긴다.

소아에서도 생기는데, 소아는 염증이 없고 30% 정도는 자연히 소실된다.

성인은 건막내로 주사제를 투여하면 낫기도 하고, 근본적인 치료법은 건막을 일부 절제해준 후 운동을 시켜주면 낫는다.

우리는 하나님의 형상인 열린 손을 어떻게 회복할까?

우리는 기도해야 한다. 기도한다는 것은 나의 존재의 껍데기를 깨고 하나님 앞에 손을 펴서 열어드리는 것이다.

침묵 속에 예수님의 사랑이 들어온다.

이제부터 이웃은 더불어 살아가는 나의 형제자매가 되는 것이다.

"예수님, 주님의 사랑의 선물을 받아들일 수 있도록 저의 손을 열어주십시오. 저의 손을 펴 주십시오. 아멘."

손을 통하여 영혼이 드러난다

인간의 영혼은 몸의 지체들을 통하여 밖으로 드러나 보인다.

얼굴과 손이 특히 그렇다.

프랑스의 수필가 몽테뉴는 입으로 표현할 수 있는 것을 손으로 표현한다고 설명한다. 손으로 약속하고, 맹세하고, 간청하고, 위협하고, 거부하고, 욕하며 저주하고, 기뻐하고, 놀라게 하고, 명령하고, 비웃는다.

카지노 도박 테이블의 타짜들의 손놀림을 보면 움켜쥔 손에서 계속되는 탐욕을, 텅 빈 손에서 돈을 잃은 좌절을, 떨리는 손에서 절망을 표현하기도 하며, 종교의 영역에서는 손을 얹어 안수하며, 병자의 고통을 완화시키고 치유하기도 하며, 은총을 기원하고 축복기도를 한다.

손이 저린 병(손저림병)의 주된 질환인 **'수근관(손목굴)증후군'**에 대하여 알아보자.

한 40대 여성이 양쪽 손의 감각이 둔하고 몹시 저리며, 손에 힘이 없어 물건을 자주 떨어뜨린다. 밤엔 타는 듯한 통증과 손이 없는 듯 감각이 느껴지지 않아 잠을 자꾸 깨어 손을 주무르기가 일쑤다.

오래되면 손의 엄지손가락의 손바닥 근육이 마른 증상을 보이며 병원을 찾는다. **이 질환은 손에 분포하는 정중신경이 손목의 힘줄에 눌려 생기는, 손이 저린 병이다.**

의사가 진찰할 때 손목을 구부리라면 증상이 더 심해지고 근전도를 하면 확진된다. 치료로는 증상이 가벼운 경우 소염진통제나 정중신경 부위에 주사요법으로 완화시킬 수 있다.

증상이 심해지거나 진행하여 손의 근육이 말라갈 때는 수술을 해줘야 한다.

수술은 신경을 누르고 있는 힘줄을 절개하여 풀어주는 것이다. 요즘은 피부를 절개하지 않는 관절내시경으로 (마이더스의 손이 스친 것처럼) 거의 흉터 없이 치료할 수 있다.

예수님도 안식일 회당에서 손이 오그라든 사람을 고쳐주신 적이 있다. 그 당시 소외당했던 장애자들을 치료하는데, 안식일에 금지되었던 관습을 깨고 선을 향한 생명을 치유하는 일을 뒤로 미루지 않고, 자비와 긍휼의 마음을 보이셨다.

손이 오그라든 사람에게 "일어나 한가운데로 서라!"고 요구하실 때 변두리에 위축된 삶을 살아온 환자가 예수님의 말씀에 순종하여 한가운데로 나와서 손을 내밀어 맡길 때에, 손과 영혼이 건강하게 되었다.

이것이 바로 예수님의 복음이 아닌가? 가난한 사람, 보잘 것 없는 사람들, 약한 사람들, 눌린 자들이 교회의 중심이고 본질적인 모습이 아닌가 생각된다. 우리는 예수님과 정반대로

힘없고, 눌리고, 약한 자와 장애자들을 저 변두리로 밀어버리지 않고 있나 반성해 본다.

과연 이런 곳에 하나님이 임재하실까? 또, 우리들 마음에 예수님이 계실까? 오늘도 예수님은 우리들에게 교회를 쇄신시키며, 영성에 새바람을 일으키고, 거룩한 신자로 살아가기를 바라실 것이다.

골다공증과 허리병

4부

- 골다공증, 바른 자세로 굽은 허리를 예방하자
- 부적절한 자세로 오는 요통
- 허리가 아프세요? 좀 쉬시지요
- 요통은 허리운동으로 예방해야!
- 허리 디스크라고요? 주님께 맡기세요(1)
- 허리 디스크라고요? 주님께 맡기세요(2)
- 척추협착증과 생명으로 인도하는 좁은 문

골다공증, 바른 자세로 굽은 허리를 예방하자

"누가 보아 주기라도 하는지 곱게 분단장하고 수줍어 고개 숙이고 있다. 꽃대 밀고 나온 보송보송한 흰털 홍조 띤 두 뺨이 봄빛에 눈부시다."

김정숙의 시 '할미꽃'의 일부분이다.

고개 숙이고 허리가 구분 할미꽃은 그토록 나를 사랑해 주시던 외할머니를 그립게 한다.

누가복음(13장 10~13절)에는 병마에 사로잡혀 허리가 굽은 여인을 예수님이 안수하자 허리를 펴고 하나님을 찬양하는 이야기가 있다. 이 여인은 어려운 삶으로 인해 마음을 제대로 펴 보이지 못한 모든 사람을 대변하기도 하고, 비참한 운명 때문에 삶이 피폐해진 사람, 허리가 약하여 몸을 제대로 가누지 못하는 사람, 혹은 어떤 불안으로 인해 머리를 숙이며 살아가는 사람 등을 대변하는지 모르겠다.

진찰실에서 만나는 허리가 굽은 여인은 주로 골다공증에서 기인하는 것이다.

허리의 척추는 몸의 기둥이다. 긴 대나무 통 모양의 구조로 건강할 때는 앞, 뒤, 옆으로 자유롭게 움직일 수 있으나, 뼈가 약해지면 약한 등뼈로 몸을 지탱할 수 없어서 허리가 구부러지고 눌리는 압박감을 느낀다. 방사선 검사에서 척추의 앞부분이 눌려 찌그러져 보인다(척추압박골절).

이 병이 **골다공증**이다.
초기에는 증상이 없고 진행하면서 허리에 통증을 가져온다.
어떻게 보면 골다공증은 질병이 아니고 늙는 과정인 것이다.

그런데 문제는 뼛속에 칼슘이 부족하여 뼈가 약해지는 골다공증은 쉽게 골절이 올 수 있다는 것이다.

넘어지면 척추, 고관절 주위 뼈, 손목뼈 등에 골절이 잘 온다.
척추에 압박골절이 올 때는 허리가 구부러지고, 고관절 주위에 뼈가 부러지는 경우에는 꼭 수술을 해야 할 경우가 많고, 이 골절환자의 25%나 되는 환자가 일년 내에 사망에 이른다.

다른 병도 마찬가지지만 골다공증은 예방이 중요하고 예방자체가 치료이다.
예방은 약과 칼슘이 많은 음식을 섭취하고, 적당한 운동을 해야 한다.

운동은 근육과 뼈를 튼튼하게 하고 쉽게 넘어지지 않게 한다. 특히, 가슴을 펴고 사는 바른 자세가 중요하다.

바른 자세는 몸의 자세뿐만이 아니라 정신의 자세, 영혼의 자세도 중요하다. 똑바른 자세는 내적 고요와 외적 평온에 이르고, 이를 통하여 집착에서 벗어나 자신의 그릇된 부분을 과감히 버리고, 자신을 신뢰하게 되며, 성숙한 삶에 이르게 된다.

정신적으로 반듯한 자세를 취하는 사람은 부정과 의심, 미움 등을 멀리하고 그 싹부터 자르려고 하는 사람이다. 긍정적인 생각으로 당당하고 크게 생각하고 사는 사람이다.
영혼의 올바른 태도는 우리 자신을 다스리고 하나님께 점점 가까이 가는 영적 식별 능력을 갖추게 된다.

가장 중요한 바른 자세는 허리 굽은 여인이 예수님의 말씀에 순종하여 치유 받은 것처럼 순종하는 자세이다.

지금 예수님께서 부르신다.

나의 죄가 부끄럽지만 가슴을 펴고 예수님께로 다가가자. 몸과 마음과 영혼이 치유될 것이다.

부적절한 자세로 오는 요통

얼마 전에 칠순이 넘으신 여자 권사님이 갑자기 허리가 아파서 외래로 찾아오셨다.

연말까지의 성경읽기 목표가 있어서 시편 150편을 처음부터 끝까지 쉬지 않고 4시간 만에 모두 읽고 일어나는데, 갑자기 허리에 지속적이고 넓은 부위의 통증이 발생했다. 오래 서 있을 수도 없고, 오래 앉아 있을 수도 없고, 옆으로 누워있으면 통증이 더 심해졌다. 쉬면 괜찮다가 다시 움직이면 악화된다고 한다.

허리 근육의 신경치료를 받고 바로 회복되었다.

부적절한 자세로 인한 요통에 대해서 알아보려고 한다.

같은 자세로 오랫동안 책을 본다든가, 직장에서 스트레스 속에 오랫동안 같은 자세로 일할 때, 밤새도록 컴퓨터 앞에 앉아 채팅을 하거나 게임을 했을 때, 불안정한 자세로 잠을 잘 때, 이런 경우 허리에 통증이 온다.

이 통증은 수 시간 내에서 수일간 계속되고 허리 근육에 경련과 경직이 오게 된다.

요통환자를 보면서 치료보다는 예방책이 중요함을 느낀다.

자세가 좋아지면 전신의 장기가 보다 넉넉한 공간에서 기능을 하게 된다.

혈액순환이 개선되고 근육이 수월하게 움직이므로 덜 피곤하고 활력이 넘치는 생활을 할 수 있다.

한 자세로 오랫동안 앉거나 일하는 것보다는 30분마다 일어나 팔다리와 허리를 펴는 운동을 하고, 3~5분간 쉬었다가 다시 공부나 일을 시작하는 습관을 들여야 한다.

좋은 수면 자세와 스트레스를 이겨내는 마음가짐과 평소에 늘 운동을 하는 습관도 중요하다.

그러나 일단 통증이 오면 이 통증이 왜 왔는지 생각해보고 자세 교정을 받아야 하고, 통증 부위에 물리치료와 통증 주사를 맞으면 좋아진다.

이제 기본으로 돌아가자. 요통 없는 건강한 허리는 바른 자세가 중요하듯이, 하나님을 기쁘게 해드리는 삶을 갈망하는 우리는 하나님 말씀에 순종하는 자세가 중요하다. 이때 성령님이 우리의 마음도 받으시고 우리의 생각을 통제하셔서 하나님과의 바른 관계를 형성해 주실 것이다.

그런 우리는 하나님의 현존하심을 체험하는 축복을 누릴 것이다.

허리가 아프세요? 좀 쉬시지요

허리는 우리 몸을 떠받치는 대들보와 같다. 이 대들보가 부실하면 건강은 물론 일상생활에 큰 지장을 초래한다. 이런 사실을 알고도 세상일에 쫓겨 살다보니 우리 몸에서 가장 혹사를 당하는 곳이 바로 허리인 것 같다.

대들보에 이상이 오면 집이 무너지는 것처럼, 허리에 이상이 오면 즉시 서둘러서 치료해야 한다.
다른 병들도 마찬가지겠지만 허리 병은 잘 낫지도 않고 재발 가능성이 높기 때문이다.

생명에 직접적인 영향이 없다고 해서 무심코 방치할 경우 호미로 막을 것을 가래로 막는 경우가 생긴다.

40대 초반 남자가 허리가 끊어질듯이 아프다고 진료를 청했다.

헤라클레스 같은 건장한 체구를 지닌 이 환자는 체육관 관장이라 했다. 새벽 6시부터 밤 10시까지 이 헬스클럽을 찾는 이들의 트레이너로 무리하게 활동하고 있어서 쉴 시간이 없다고 한다.

얼마 전부터 허리가 좀 아팠으나 가볍게 생각하고 운동을 하였다. 어느 날 역기를 들려는데 갑자기 한쪽 다리가 시큰거리며 아팠다고 한다. 좀 쉬면 괜찮고 또 허리를 쓰면 통증이 오면서 허벅지도 따끔거리고 쿡쿡 쑤시고 시리다고 한다.

MRI검사에서 허리에 경미한 추간판탈출증(디스크)으로 판명되어 수차례의 치료를 받은 뒤 좋아진 듯하였으나, 2개월이 지난 후 다시 진료를 받으러왔다.

허리 근육은 굳어 있었고, 통증은 더 심하다고 한다. 치료를 위해서 척추 주위의 근육과 인대를 강화시키는 증식주사요법을 사용하였더니 통증이 없어지고 점차 허리의 기능을 다시 찾기 시작하였다. 그 후로도 반복적으로 치료를 받고 많이 회복되어 간다.

요통의 원인은 수십 가지에 이른다. 그래서 원인을 찾아내기도 쉽지 않다.
그러나 주원인은 무리(과사용)해서 오는 것이다.
허리를 혹사시키지 말고 아끼는 습관부터 길러야 한다. 아끼는 것은 쉬는 것이다.

하나님은 창조를 다 마치시고 7일째 안식을 취하셨다.
쉼은 자기 자신을 돌보고 새로움을 충전하는 기회이며, 초대의 날이다.
예수님도 "한적한 곳에 와서 쉬어라" 하셨다.

"수고하고 무거운 짐 진 자들아, 다 내게 와서 쉬라."
쉼은 하나님이 주신 축복이다. 쉬는 시간이 세상과 떠나 하나님과 함께하는 충만한 천국의 시간이다.

모든 질병에서 마찬가지지만 쉬는 것이 기본이다. 쉬지 못하면 긴장해서 병이 생긴다.

쉼은 시작이기도 하고 회복의 원천이다.

음악에서 쉼표는 다음 악장을 준비하는 진행과정으로 굉장히 중요하다.

우리의 쉼도 하나님 역사의 과정 속에 있는 것이다.

쉼은 새로운 창조의 에너지이다.

"여러분! 좀 쉬시지요. 도약의 발판이 되실 겁니다."

요통은 허리운동으로 예방해야!

나이가 들면서 요통이 쉽게 오는 것은 허리근육이 약화되었기 때문이다.

허리의 근육은 허리등뼈(요추)를 보호하는 등의 근육과 앞쪽에서 허리를 받쳐주고 자세를 잡아주는 복부 근육이 있다.

이 허리 주위의 근육을 강화시키지 않으면 아주 가벼운 동작을 하거나 쉬고 있다가 움직일 때도 요통이 발생할 수 있으며, 반복되면 만성요통이 되어 평생 회복이 어려울 수도 있다. 평소 아프기 전에 허리의 근력을 강화시키면 요통을 예방할 수 있다.

이제는 정년퇴직을 하고 아파트 관리인으로 일한다는 60세가 넘은 남자분이 늘 허리가 아팠다면서 타병원에서 촬영한 MRI사진을 담은 CD를 들고 왔다.

일반 방사선 사진이나 MRI사진에서는 뼈와 뼈 주위의 구조와 압박된 척추신경은 볼 수 있지만, 약해져 있는 근육의 상태를 나타내진 못한다. 그분의 MRI사진을 보니 비교적 큰 문제는 없었다.

진찰을 해보니 허리의 근육이 상당히 긴장되어 유연성이 떨어지고 약화되어 있었다.
허리의 근력을 향상시키고, 유연성을 기르는 운동을 가르쳐주고, 평상시에 허리를 다치지 않게 주의해야 하는 생활 습관과 자세를 알려주면서 힘줄을 강화시키는 주사요법 등의 치료를 하고 있다.

우리가 꾸준히 운동을 하고 생활을 조심하면 나이들어 많은 요통의 두려움에서 벗어날 수 있다.

허리 근력강화운동 중에 윗몸일으키기 운동이 있다. 이 운동은 복근력과 (등)배근력을 향상시킨다.

바로 누워서 무릎을 90도 정도 굽힌 상태로 상체를 천천히 들었다가 제자리로 가고, 들었다 제자리로 가는 운동이다.

매일 조금씩이라도 한다면 6주 후에 허리의 힘이 좋아진 근육을 느낄 수 있을 것이다. 그러나 여러 여건상 자신이 스스로 운동을 못하는 경우 운동치료사가 대신 돕도록 맡겨보는 방법도 있다.

치료사와 함께 운동을 하면 우리 안의 근육이 다시 살아나 건강한 삶을 누릴 것이다.

영성생활에 있어서도 우리가 회개하고 흔연한 마음으로 변화되기도 하지만, 하나님께 변화시켜주시도록 내맡기게 되면 포도나무에서 포도가 주렁주렁 열리듯이 우리 신앙의 열매도 풍성하게 맺어질 것이고, 하나님 나라는 더욱 가까워질 것이다.

실제로 하나님 나라는 우리 안에 있다. 하나님 나라는 우리 안에 내제해 있기에 우리가 그것을 누릴 수 있다.

우리는 이웃과 함께 나누지 못하고 닫아두기 때문에, 보지도, 느끼지도 못하고 하나님 나라를 누리지 못하는 것이 아닐까?

허리 디스크라고요? 주님께 맡기세요(1)

디스크라고 하면 대부분의 사람들은 치료하기 힘들고 허리를 못 쓰는 병이라 생각하고 두려워한다.

허리가 아픈 사람들은 흔히 자신의 허리 통증이 디스크가 아닐까 걱정을 하면서 병원과 유사 치료기관들을 찾는다.

허리 아픈 환자들이 의사에게 왔을 때 디스크가 아니라고 하면서 허리 관리에 대한 설명을 하려해도 귀에 안 들어오고, 안도의 한숨만으로 진료실을 나가버리는 사례가 많아 허리 관리를 못하고 다시 아프곤 한다.

디스크가 원인이 아닌 허리의 통증만으로도 수년 동안 원인을 찾지 못하고 고생하는 사람들도 많다.

디스크라고 겁내고 디스크가 아니라서 안심할 문제는 아니다. 디스크는 척추 뼈마디 사이에 있는 완충재로서 척추를 움직일 수 있게 하고, 척추에 가해지는 충격을 흡수하는 작용을 한다.

디스크의 이상은 디스크 바깥 구조인 섬유윤이 퇴화되거나 손상을 입어 내부의 수핵이 뒤로 빠져나가, 척수에서 나오는 신경뿌리를 압박해서 신경뿌리가 지배하는 하지 부위에 통증이 오고, 저리고, 감각 이상이 생기게 되며, 또한 더 심해지면 하지 근육이 마비되거나 위축되는 현상을 초래하는 병이다.

디스크 진단은 보통 임상소견만으로 알 수 있다. 요통과 하지에 방사통이 온다.

누워서 다리를 들면(직거상) 바닥으로부터 70도 이상에서 무릎 뒤에 좌골신경이 당기는 통증이 있고, 발등과 발바닥의 감각과 힘이 저하되는 증상을 나타내기도 한다.

방사선 사진은 참고는 되나 큰 도움은 안 되고, MRI가 가장 적합한 진단 검사이다.

보통 치료는 의사의 처방을 따라야 하겠지만, 안정하면서 진통소염제를 복용하고 물리치료로 골반을 견인하여 치료한다. 이때 디스크에 가해지는 압력을 감소시켜 뒤로 나온 디스크 구조가 제 위치로 들어가서 신경근이 감압되어 통증이 없어지게 한다.

이런 보전적 치료로 안 되면 수술이 필요하기도 하다.

우리 성도들은 기도하면서 모차르트 음악을 들으며 안정을 찾자. 나에게 필요한 것을 다 알고 계시는 주님께 모든 것을 신뢰하며 맡기는 것도 좋을 것이다.

허리 디스크라고요? 주님께 맡기세요(2)

디스크란 진단을 받고도 아픈 허리와 다리 뒤로 당기는 통증을 참으면서 수년간 이런저런 치료를 받아온 40대 중반의 남자 권사님이 잘 아는 장로님과 함께 오셨다. MRI를 보니 벌써 오래전에 디스크가 터져 척추관 아래로 흘러내려간 모습이 나타났다.

잘 설명하여 허리 디스크 수술을 받게 되었고, 치료되어 고통 없이 기쁘게 생활하고 있다.

디스크는 초기에 안정하면서 소염진통제를 복용하고 물리

치료로 허리를 견인하여 치료한다. 이때 신경주사 요법을 써서 증상을 완화시키기도 한다.

그러나 이렇게 보존적으로 치료를 하여도 효과가 없는 참기 어려운 동통이 있거나, 하지 마비가 초래되어 호전되지 않고 진행되는 경우, 대·소변 기능에 장애가 초래되는 경우, 동통이 자주 재발하여 일상생활이 어려운 경우에는 **수술적 요법**이 꼭 필요하다. 디스크 환자의 10% 정도가 그렇다.

수술은 절개하지 않고 하거나 절개해도 아주 작은 수술창을 통해 시행하여 회복이 빠른 방법이 있으나, 젊고 디스크 초기의 일부 환자에만 적용된다.
수술의 결과가 가장 좋은 것은 역시 절개하여 여는 것이다. 디스크를 확인하면서 시행하는 고전적인 수술이다. 누구나 수술받기를 주저한다. 그러나 꼭 해야 할 경우에는 해야 한다.
(막 7:31~37)

예수님은 갈릴리 호숫가에서 귀먹고 말더듬는 자의 치유를 위한 안수를 부탁받았다.
"에바다(열려라)"라고 외치시자 그의 귀가 열리고, 묶인 혀가 열려 말하게 되는 놀라운 기적이 나타난다.

예수님은 우리의 막혔던 입과 귀를 정화시켜 열어주신다.

이웃의 고통과 사랑을 외면하고 나 자신의 명예, 돈, 학식, 이기심, 사치, 방탕하여 살고, 부정에 침묵하며 살던 내가 이제는 듣고 입을 열어야 한다. 회개해야 한다.

사랑과 감사와 찬양을 하며 봉사와 희생을 해야 한다.

우리의 주님을 만나 입과 귀가 열릴 때, 낡은 생활을 버리고, 새로운 삶으로 주님과 함께 사랑과 기쁨으로 가득한 삶을 살 수 있다.

디스크로 고통 받는 이여! 수술이 꼭 필요한 경우 주님께 의탁하는 굳은 믿음으로 의사에게도 맡겨보자.

"에바다"하시며 주님께서 의사를 통해 디스크를 치료해 주실 것이다.

눌렸던 신경이 열리고 풀려 회복되어 정말 새로운 삶이 펼쳐질 것이다.

척추협착증과 생명으로 인도하는 좁은 문

스핑크스의 수수께끼 가운데,
"아침에 네 발, 점심에 두 발, 저녁에 세 발인 것은?"이란 질문이 있다.
이에 대해 오이디프스는 "사람"이라고 대답한다.

인간이 동물이나 돌전의 갓난아이와 같이 네 발로 생활을 한다면 아마도 허리가 덜 아플 것이다.
서서 직립생활을 하면서, 청빈보다 탐욕 생활에 젖어들면서 육체의 고통이 더 가중되었을 것이다. 관절이 아프고, 척추가 아프게 된 것이다.

외래에 60세 남자 환자가 한쪽 다리가 허리에서 발끝까지 뒤로 당긴다고 호소하며 왔다.

집에서 병원에 올 때까지 세 번씩이나 쉬어가며 왔단다.

자세히 문진해 본다.

"어느 부위가 처음 아프셨나요?"

"수년 되었어요."

"어느 부위가 처음 아팠어요?"

"엉덩이와 항문 주위가 아프면서 최근에는 좀 걸으면 하지와 종아리까지 저리는 통증이 오고, 따끔따끔 거리고, 감각이 없어지고 이상해요."

"걷다가 좀 쉬시면 나아지나요?"

"네, 가다가 손을 등에 받치고 서있거나, 허리를 구부리고 잠깐 앉아있으면 언제 아팠느냐면서 통증이 없어져요. 왜 그러지요?"

"그 병은 허리가 약해져서 오는 겁니다."

"허리요? 허리는 하나도 안 아픈데…?"

"허리의 척추 속에 신경이 지나가는데, 그 길이 좁아져서 신경이 안내려가서 그렇습니다. 병에 깔때기로 기름을 넣을 때 조금씩 들어가지요? 또 예를 들면, 2층에서 애들이 욕조가 새는 줄도 모르고 신나게 목욕을 하며 놀고 있는데, 아랫집에서는 천장에 물이 떨어진다고 야단법석이 난 것과 같아요."

이 병이 **척추협착증**이란 질환이다.
나이가 들면서 척추 속에 신경이 지나는 통로가 좁아져 생기는 병인데, 척추신경이나 혈관의 압박으로 감각 이상과 운동신경 이상이 온다.

진찰에서는 잘 알 수 없고, 서서 방사선 촬영을 하거나 척추조영술, 컴퓨터 촬영, MRI, 근전도 등으로 검사해서 진단하게 된다.

치료는 보존적 치료로 안정하며 약물치료, 물리치료와 척추경막 외의 신경차단 치료법이 있는데 매우 효과가 좋다.
그러나 말초신경 증상이 심하여 몹시 아프고, 근력이 약해질 때와 하지가 조여 일상생활에 큰 지장이 있으면 수술적 치료를 하게 된다.

척추협착증은 요통과 하지통에 흔한 원인이다.

특징은 하지를 조이는 듯한 파행이다. 이 증상은 나이와 함께 더 악화되어 고통을 증폭시킨다.

예수님도 생명으로 인도하는 문은 좁다고 하신다. (마 7:13, 14)
택하심을 받은 우리 크리스천들이 가야 할 길이다.
예수를 믿고 모든 죄를 회개하고 용서를 받아야만 통과한다.
이 길은 좁아도 자기를 부인하고 자기 십자가를 지고 예수를 좇으면 성령 충만하여 쉽게 갈 수 있다.

세상에서 세월 따라 오래 살다보니 허리가 아프고 다리가 저리듯이, 천국에 가려고 경건하게 살려하니 고난이 당연히 따를 것이다.

이때 고난은 신앙 성장에 유익한 것이다. 세네카는 우리가 오래 사는 것보다 올바르게 사는 것을 위해 노력해야 한다고 했다.

우리의 피난처 되시고 힘 되신 하나님께 기도하고 은혜를 받자.

주님께 위로 받게 되고 인생의 고통에서 새 힘을 받아 새롭게 일어날 것이다.

고통은 인간의 실존이다. 어려울 때 주를 바라보라!

100세 건강비결

5부

- 100세인의 건강비결
- "스드레스는 이길게 대처하라"
- 비만과 탐식
- 뱃살은 어떻게 뺄 것인가?
- 올바른 스트레칭
- 맡겨보세요!
- 영적 휘트니스
- 포기하지 말고 꾸준히
- 최고의 보약은 생수다!
- 식생활(1) – 살아있는 음식을 먹어야…
- 식생활(2) – 좋은 음식을 먹어야…
- 식생활(3) – 구별된, 그리고 신성한 음식을 먹어야…
- 금식은 급속히 치유되는 '천국 보약'
- 건강 검진과 성품 검진

100세인의 건강비결

장수의 비결은 절대로 포기하지 않는 의지에 달려 있다.

지난주에는 98세 된 남자 어르신이 찾아와 무릎 통증을 호소하며 수술을 받게 해달라고 하셨다.

연세가 많으신 관계로 위험하여 선뜻 승낙하지 못했지만 고집과 간청에 못 이겨 마취의사선생님과 상의한 후 마침내 무릎관절 내시경수술을 하게 되었다.

무릎관절 속을 깨끗하게 세척하고 마모되어 닳아 헤어진 조각조각의 구조들을 정리한 후, 연골윤활 주사를 투여하였다.

다행히 수술이 잘되어 재활치료 중에 있으며, 통증 없이 건강하게 회복 중이시다.

100세를 사신 이 어르신의 건강상태를 보면 당뇨병, 간염은 물론 혈중 콜레스테롤 수치까지 낮았다. 물론 평생 큰 병 없이 살아오신 것을 보면 건강한 생활습관과 스트레스에 강한 내성이 있는 것 같다.

나이 드는 것을 두려워말고 자연스럽게 받아들이면서 잘 늙는다면 하나님이 주신 삶의 목적대로 잘 사는 것일 것이다.

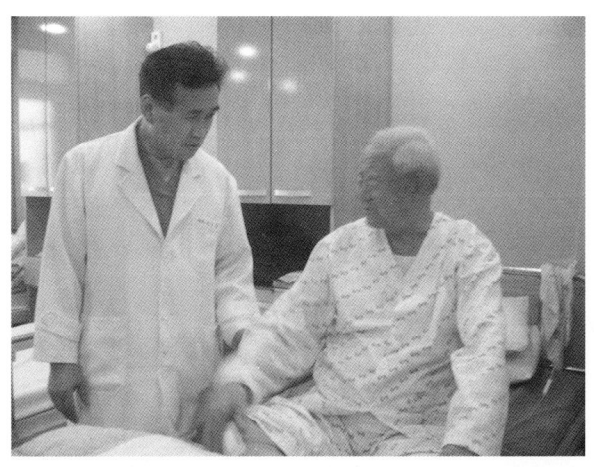

세계적인 장수촌인 일본 오키나와현의 장수학자 윌콕스 박사는 100세인의 식생활에서 5가지 식사원칙을 발견했다.

첫째, 다양한 색깔의 음식을 섭취한다(5색 식단 : 풍부한 영양가와 시각효과로 입맛이 좋아져서 건강하고, 활기찬 식단이 될 수 있다).

둘째, 칼로리가 적은 음식을 섭취한다(감자, 고구마, 곤약, 콩 등 탄수화물과 섬유소 섭취).

셋째, 고기를 먹을 때는 3배 이상의 야채를 먹고 일주일에 3회 이상 먹지 않는다.

넷째, 콩류, 야채, 과일을 하루에 3가지 이상 먹는다(체내 산화작용을 억제하고 항균, 항암효과).

다섯째, 불포화지방산이 포함된 음식을 섭취한다(좋은 지방은 골라 섭취하고, 나쁜 지방의 섭취는 줄인다).

예수님의 12제자 중 장수했던 사도 요한은 연로하여 거동이 불편한 가운데도 집회에서는 "서로 사랑하시오"라고 사랑만을 역설했다.

화를 잘 내는 성품의 요한이 스승 예수님의 죽음과 부활을 체험한 후, 온유하고 사랑 많은 사도로 변화하였다.

어떻게 하면 우리 성도들도 사도 요한처럼 장수하며 건강한 신앙인으로서 살아갈 수 있을까?

바른 식생활과 적당한 운동을 하면서 우리의 삶 전체에 주님의 사랑을 관통하여 살아간다면, 100세인의 삶을 살 수 있을 것이다.

"스트레스는 이렇게 대처하라"

스트레스란 무언가 변화할 필요가 있다는 사실을 우리에게 알려주기 위한 고통의 한 형태이다. 이 스트레스가 우리의 몸과 마음을 병들게 한다. 그렇다고 피하기보다는 적절하게 관리하여 생활의 활력소로 삼는 것이 스트레스에 대한 현실적인 대응책이다.

이 고통에 대해 지금 당장 스스로 책임지지 않는 한 삶은 결코 나아지지 않는다. 마음의 풍요를 누리기 위한 삶의 본질적인 통찰을 할 수 있다. 100세 이상의 삶을 건강하게 살아오신 분들을 보면 스트레스를 긍정적으로 대처하며 살아온 분들이 었다.

그러면 스트레스에 직면했을 때 어떻게 대처해야 하는가?

첫째, 묵상하며 걸으면 우울증의 뿌리를 볼 수 있고, 화도 풀리며, 마음의 상처가 낫고, 정신이 정화된다.

둘째, 반신욕을 하여 몸의 신진대사와 노폐물 배설로 긴장이 완화된다.

셋째, 웃음 또한 스트레스를 해소한다.

넷째, 회개의 눈물(Good cry)은 그 자체가 치유효과가 있다.

그밖에 용서의 삶과 하나님께 은총을 구하는 믿음이 스트레스를 해소한다.

스트레스. 이 고통은 고통이라고 생각하는 그 자체가 고통이다. 스스로 고통을 만들어냈던 낡은 습관을 하나씩 바꿀 때마다 더욱 원숙한 삶이 된다. 영적으로 성숙해가는 충만한 삶에는 스트레스가 있어서는 안 된다.

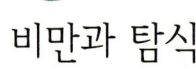
비만과 탐식

"**과식하도록** 내버려 두어라. 무덤이 그를 향해 세 배나 큰 입을 벌릴 것이다."
셰익스피어의 명언이다.

의학 격언 중에 적게 먹어 걸리는 병은 잘 먹으면 쉽게 낫지만, 많이 먹어 걸리는 병은 중국의 명의 화타나 편작이 와도 고치지 못한다는 말이 있다.

많이 먹어 걸리는 대표적인 질환이 바로 만병의 근원인 비만이다.

　암보다 훨씬 치료가 어렵다.

　비만 가운데서 뱃살 비만이 가장 중요하다.

　뱃살은 뱃속 내장에 낀 기름을 말하는데, 혈관의 동맥경화를 초래하며, 체내 호르몬 균형을 깨뜨리고 염증을 유발하는 등 성인병의 뿌리가 된다.

　종래에는 고혈압, 당뇨, 뇌졸중, 콜레스테롤 수치 증가 등 각종 성인병이 동시 다발적으로 나타나는 대사증후군을 초래한다. 특히 우리나라 사람은 먹는 문화와 흡연 때문에 뱃살이 늘어난다.

　그러면 뱃살을 어떻게 뺄 것인가?

　그 원칙은 먼저, 먹는 양을 줄여 체중을 줄인 후 운동으로 줄어든 체중을 유지하는 것이다.

　뱃살을 그냥 두었다가 고혈압, 당뇨, 고지혈증, 뇌졸중, 심장병에 대한 약을 한꺼번에 복용해야 하는 비상사태가 발생하는 것을 종종 본다.

뱃살 빼기는 질병예방을 위한 예방주사이다. 조금만 노력하면 금세 빠질 수도 있다.

한편, 식욕을 절제하지 못해 생기는 죄가 탐식이다.

『토마스 커스틴의 《벨지움 왕가의 흥망성쇠》라는 책에 '세 명의 에드워드' 라는 글이 있는데, 그 글의 주인공은 레이놀드 왕자다. 그가 차기 왕이 될 사람이다.
이 왕자에게는 별명이 하나 있었는데, '크랏수스' 즉, '뚱뚱보' 라는 별명이다.
이 사람은 차기 왕이 될 사람이었다.

부왕이 갑자기 서거하자 동생인 에드워드가 쿠데타를 일으켜서 정권을 잡고는 형 레이놀드를 감옥에 가둔다.
동생은 비교적 살기 좋은 아담한 감옥을 꾸며서 작은 창문을 내주고는 이렇게 말한다.
"형이 원하면, 언제든지 창문으로 나갈 수 있고 자유인이 될 수 있습니다."

그런데 문제는 이 창문이 아주 작다는 것이다.

몸무게를 줄이지 않으면 이 창문 밖으로 나올 수가 없다.

동생 에드워드는 신하들을 불러 이렇게 말한다.

"형이 만약 몸무게를 줄여서 저 창문을 나올 수가 있다면 기쁘게 왕의 자리를 형에게 양보하겠다. 그러나 만약 나오지 못한다면, 자신의 몸무게 하나 조절할 수 없는 사람에게 어떻게 이 나라를 맡길 수 있겠느냐?"

그리고 감옥을 지키는 경비들에게 매일 꼬박꼬박 세 끼씩 산해진미의 음식을 넣어주고, 원하면 언제든지 간식도 풍성히 먹을 수 있도록 해주었다.

그 형은 어떻게 되었을까?

그 형은 끝내 감옥에서 나올 수 없었다.

10년 동안 갇혀 지내다가 동생이 전쟁터에서 전사하자 비로소 자유인이 된다.

그러나 그는 뚱뚱한 자기 몸을 잘 관리하지 못해서 감옥에서 나온지 얼마 안 되어 죽고 말았다.』

한평생 탐식이란 유혹을 절제 못하고 탐식의 감옥에 살다간 비극적인 이야기다.

탐식은 우리의 몸을 상하게 할 뿐만 아니라, 때로는 건강한 삶의 자리 혹은 신앙의 자리에서 이탈시키기도 한다.

건강한 식생활은 건강한 영적 생활에도 도움을 준다.
식욕을 해결하기 위해 장자권을 팔아버린 '에서'와 광야의 사막에서 금식 중에 사탄의 유혹을 이긴 '예수님'을 비교해 보자.

성령의 열매는 마지막 절제의 고지를 넘을 때 승리의 깃발을 꽂을 수 있을 것이다.
거룩한 일에 분주하면 한가로이 탐식할 시간도 없을 것이다.
하나님을 위하고, 이웃을 위하는 거룩한 일에 빠져 살면 세상의 음식보다 하나님의 사랑이 더 달콤하지 않을까?

뱃살은 어떻게 뺄 것인가?

김장철에 갖은 양념 속이 들어간 김장배추처럼 뱃속의 내장에 낀 기름이 뱃살이다.

뱃살은 각종 성인병을 유발시킨다. 나이 드신 어른들 가운데 이미 당뇨병, 고혈압, 고지혈증, 심장병 등의 병을 함께 지니고 있어(대사증후근), 병원에서 주는 약과 좋다는 건강식품 등을 한보따리씩 들고 다니며 드시는 분이 있다.

척추 질병이나 무릎의 관절염으로 고통을 호소하며 낮게 해

달라고 외래를 찾는 어르신들과 이런 대화를 반복하게 된다.

"할머니, 이 약을 드시면 통증이 줄어드실 거예요."

"약은 이제 더 못 먹어. 주사로 안 될까?"

뱃살 빼기의 원칙은 먹는 양을 줄여 체중을 줄인 후, 운동으로 줄어든 체중을 유지하고, 올바른 섭생을 하는 것이다.

첫째, 운동을 한다.

매일 1시간 정도 꾸준히. 좀 빠른 속도로 걷는 것이 좋다.

둘째, 근육 양을 늘린다.

지방은 근육에서 주로 연소되므로 근육 양이 늘면 기초 대사량이 증가해 살이 빠진다.

복근운동, 배 밑에 공 놓고 배 돌리기, 윗몸 일으키기 등도 좋지만, 바벨과 덤벨운동 등 근육에 과부하가 걸리는 운동이 좋다.

셋째, 아침식사를 거르지 말고 저녁을 늦게 먹지 말자.

아침을 거르면 몸 안에 먹은 것이 무엇이든지 지방 형태로 저장하기 때문에 살이 찐다.

저녁도 늦게 먹으면, 부교감 신경작용으로 체 내의 지압이 축적된다.

넷째, 흰 음식과 단 음식을 멀리하라.

설탕과 흰 음식은 혈당지수를 높이므로 췌장이 혈당을 낮추느라 무력해지고, 당뇨가 발생하기 쉽다.

다섯째, 술(안주)을 멀리하라.

알코올이 먼저 대사되면서 음식물 대사를 방해해 음식은 뱃살로 간다.

여섯째, 우리 신앙인들은 금식기도를 하여 뱃살을 줄이면 어떨까?

우리의 금식은 단순히 굶는 행위가 아니라, 가난한 이웃을 생각하며 사랑하는 마음을 함께 나누는 행위이다. 금식을 하게 되면 몸속의 노폐물이 나가고 지방이 연소된다.

우리를 병들게 한 지방, 식욕 탐식에서 벗어나 치유능력을 얻게 된다.

동물들은 몸에 병이 생기면 반드시 나을 때까지 본능적으로 먹지 않는다.

모세도, 엘리야도, 예수님도 40일 동안 금식기도를 하였고, 다윗은 "금식하여 네 영혼을 괴롭게 하였더니, 내 기도가 내 품으로 돌아왔노라"라고 하며, 금식기도를 하여 병 고침을 받았다.

'판의 미로' 라는 판타지아 전설이 있다. 아주 먼 옛날, 행복과 평화로 가득한 환상의 지하왕국에 햇빛과 푸른 하늘이 그리웠던 오필리아 공주가 살았다. 그 공주가 인간세계로 왔다가 눈부신 햇살에 기억을 잃고 만다. 요정에 의해 다시 지하의 행복의 나라로 가는데, 미로 속에서 세 개의 미션을 해결해 나간다. 그 중 두 번째 미션은 "가장 탐스러운 음식을 참아낼 인내가 있는가?"였다.

그러나 공주는 그 화려한 식탁, 먹음직스러운 온갖 음식들의 유혹을 받는 과정을 이겨내지 못하고 만다. 결국 요정들의 희생과 자신의 지상 인간으로서의 죽음을 겪게 된 이후에 지하왕국으로 가게 된다.

행복의 관문은 인내와 절제가 꼭 필요하다.

절제할 줄 모르면 자기 비움도 이룰 수 없고, 예수의 빈영성을 맛볼 수 없다.

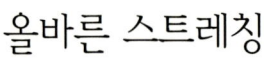
올바른 스트레칭

현대를 '웰빙시대' 라 한다.

스포츠와 운동에 관심이 많아졌고 운동 전에 준비운동과 스트레칭을 해야 함을 상식으로 알고 있다. **스트레칭**이란 운동 전후에 몸을 늘려주고 풀어주는 뻗히기 동작이다.

스트레칭은 힘줄의 온도 상승으로 근육의 장력을 증가시켜 손상으로부터 보호하고 운동 성적도 향상시키는 효과가 있다. 그러나 단기간의 격한 스트레칭은 근육 세포의 손상과 통증을 가져와 운동 기량을 해치는 역효과의 징후가 있다는 것도 알아야 한다.

스트레칭도 평소에 꾸준히 반복 연습해야 근골격계의 손상을 예방하는 효과를 극대화시킬 수 있다. 마치 영적 성장을 위해서 매순간마다 쉬지 않고 기도하며, 하나님의 뜻을 구하며, 자신의 의지를 포기하고 살아가는 구도자와 마찬가지이다.

스트레칭의 기본원칙으로는 운동 전후에 먼저 준비운동을 부드럽고 천천히 한 후 근육통을 유발하지 않는 범위 내에서 각 근육을 순서대로 뻗혀서 30초 이상 유지하는 것이다.

오랜만에 운동을 하는 경우에는 익숙하지 않은 스트레칭을 하기보다 운동하기 전 30분간 약간의 땀이 나올 정도의 워밍업만으로도 충분한 준비운동이 될 것이다.

수년 전, 초등학교 선배였던 현직 체육교사가 하지에 깁스를 하고 병원을 찾아왔었다. 반갑고 놀란 마음으로 이유를 묻자 친목 테니스 대회에 마지못해 참여했다가 아킬레스건이 파열되었다는 것이다.

과거에 잘했던 실력을 믿고 준비운동 없이 운동시합에 뛰어들었다가 부상을 입은 것이다. 무지와 경험 부족으로 한번의 부상이 장기간 삶의 고통으로 이어질 수 있다.

맡겨보세요!

만성질환 혹은 난치병으로 분류되는 심장병, 고혈압, 당뇨병, 관절염 등의 치료는 증상을 제거하는 대증요법과 원인을 제거하는 원인 요법이 있다.

원인 요법은 대부분의 성인병의 원인이 운동 부족, 잘못된 식생활, 과중한 스트레스, 지나친 음주와 흡연 등이 관계가 있다는 보고에 치료의 근거를 두고 있다.

우리 크리스천들은 이미 만성질환에 대하여 예방적인 하늘나라의 삶을 살아가고 있다고 볼 수 있다.

오늘은 운동에 대하여 생각해 본다.

운동도 일종의 약처럼 생각한다면 잘하면 영약이고, 잘못하면 독약이 된다.

운동이 건강에 좋다 해서 아무렇게나 해서는 안 된다.

옆에서 운동을 잘하는 선수 같은 분들을 보고 욕심을 내어 따라 하다가 다치는 수도 있다.

'뱁새가 황새를 따라가다 가랑이 찢어진다'는 속담이 있듯이 자기능력에 맞는 운동이 제일 좋다.

그래서 운동에도 규칙이 있고, 개개인에 맞는 운동처방이 필요하다.

항상 운동 전에 충분한 준비운동과 수분섭취, 운동 후에는 마무리 운동이 필요하고, 짧게 반복하며 운동을 한다.

구기종목과 육상종목을 함께하는 것이 더욱 좋다.

몸의 근육이 약해졌거나 뭉쳐져서 통증이 있는 경우에는 치료 목적으로 운동을 하는 경우가 있다. 이때의 운동은 자신이 직접 하는 것도 있고, '운동치료사'를 통해 하기도 한다. 운동치료사에게 맡겨 함께 하면 프로그램에 따라 게으름 없이 꾸준히 근육을 회복시킬 수 있다.

우리 안에 있는 근육은 운동할 때 최상의 좋은 근육(휘트니스)을 회복시킬 수 있다.

우리의 영성생활에도 우리가 회개하여 기쁘고 흔연한 마음으로 변화하기도 하지만, 하나님께서 변화시켜주도록 내맡기게 되면 하나님 나라는 더욱 가까워진다.

실제로 하나님 나라는 우리 안에 있다. 하나님 나라가 우리 안에 내재해 있기에 우리는 그것을 누릴 수가 있다.

하나님 나라는 하나님을 포함하여 모든 것을 소유하려는 자세를 버리고, 하나님을 받아들여 이웃과 함께 나누면 이때 비로소 하나님을 소유할 수 있을 것이다.

이제 매일매일 새벽에 새날과 더불어 활발하게 걸어서 교회를 가자.

하나님께 모든 것을 맡기고, 기도하여 새로운 내가 되어 보자.

영적 휘트니스

이른 새벽 편한 복장으로 집을 나서서 교회로 가는데, 아파트 정문 앞에서 잘 모르는 골프 모자를 쓴 한 남자가 말을 걸어왔다.

"필드에 나가십니까?"

"네? 아닙니다. 새벽기도 드리러갑니다."

저 사람은 운동을 하러가고 나는 예배드리려고 집을 나서는 것이다.

그는 육신의 건강과 자연을 만끽하기 위해서, 나는 하나님께 예배드리기 위해서 각각 다른 방향을 향해 집을 나서는 것이다. 방향은 다르지만 서로 다 살아가면서 필요한 것을 추구하는 것이라 생각했다.

인간이 세상에서 자신에게 주어진 일들을 잘 하려면 신체적 적합성(PHYSICAL FITNESS)이 잘 유지되어야 한다.

적합성(휘트니스)은 몸의 최대 기능이 발휘되는 건강상태를 말한다. 정신적, 사회적으로 스트레스 없는 육체적 건강한 삶을 얘기할 수도 있겠다. 건강은 첫째, 힘으로 표현되는 근력과 둘째, 스태미나로 표현되는 심폐기능과 셋째, 유연성이 조화를 이뤄야만 되는 것이다.

살아가는 사람이면 누구나 정상적인 활동을 통해 이 세 가지를 충분히 얻어 건강한 상태를 유지할 수 있다. 근력을 얻기 위해서는 아령이나 덤벨 같은 기구를 이용하여 운동을 하지만, 팔굽혀펴기와 윗몸일으키기만 해도 큰 효과를 얻을 수 있다. 그리고 심폐기능을 유지하기 위해서는 걷기, 조깅, 수영, 등산 등이 좋고, 시간이나 공간이 부족할 때는 꾸준히 줄넘기만 해도 좋다.

유연성을 회복하기 위해서는 가벼운 체조와 스트레칭을 하면은 좋을 것 같다. 운동을 위해서는 이 세 가지를 골고루 적절하게 활성화시켜야 한다.

최근 웰빙 바람이 불면서 건강에 관심이 일고 있는 것은 참 좋은 현상이다.
그러나 잘못된 상식으로 시간과 돈을 낭비해서는 안 되는데, 건강이 바로 스태미나라고 생각하여 먹는 것을 스태미나로 얻으려고 한다. 엄밀하게 보면 스태미나는 먹어서 생기는 것 보다는 운동을 하여 심폐기능을 활성화시키는 것이다. 심장에 혈액 방출능력과 폐활량이 곧 스태미나의 원천임을 알아야 한다.

신체의 모든 부분은 쓰면 쓸수록 튼튼해진다. 운동선수들을 보면 야구선수, 테니스선수들에게서 사용하는 팔이 강하고, 축구선수, 육상선수들에게서 많이 사용하는 발이 덜 사용하는 발보다 강함을 알 수 있다.

마더 테레사 수녀는 가장 가난한 이들을 그리스도의 사랑으로 섬기는 봉사활동을 늙어서까지 오랫동안 하였다. 이렇듯 봉사활동을 하거나 봉사의 모습을 보기만 해도 면역기능이 높아지고 몸이 튼튼해지는 것을 보고 '마더 테레사 효과'

라고 한다.

우리도 봉사활동을 통해 강건해져야겠다.

영적 건강의 원리도 마찬가지다. 기도를 해본 사람만이 기도의 능력과 아름다움을 경험할 수 있다. 진리의 말씀대로 순종하는 사람만이 말씀의 권능을 체험할 수 있다. 사랑해본 사람만이 사랑의 기쁨을 누릴 수 있고, 감사하는 습관을 가진 사람만이 고난과 극한 상황에서도 감사의 고백을 하게 되는 것이다.

풍성한 신앙생활을 하려면 기도의 근육, 믿음의 근육, 사랑의 근육, 감사의 근육을 계속 사용해야 한다. 사용하지 않으면 쇠퇴하게 되어 있다. 우리는 영적 근육을 튼튼하게 키워감으로써 영적 적합성을 유지해야 한다.

포기하지 말고 꾸준히…

환자들에게 늘 묻고 당부하는 말이 있다.
"운동은 잘 하시나요?", "열심히, 꾸준히 해야 합니다."

로마가 하루아침에 이루어지지 않았듯이 건강도 하루아침에 만들어지지는 않는다.
건강은 생활과 삶의 문제이다. 생의 매순간 건강의 씨앗을 심고 부지런히 가꾸는 것이 건강의 열매를 거둘 수 있는 가장 확실한 방법이다.

여기저기서 귀동냥으로 얻은 지식이나, 신문이나 매스컴에서 선전하는 것들에 현혹되어서 귀중한 시간과 재산을 낭비해서는 안 된다.

어느 정도 과학적인 원리가 입증된 한가지의 건강법이라도 확실하게 실천하는 것이 중요하다. 건강에는 도약이나 비약이 있을 수 없다.

정말 건강을 원한다면 욕심과 조급한 마음을 버리고 여유를 갖고 꾸준히 노력해야 한다.

더욱이 질병이나 외상으로, 또는 노인성 질환으로 신체의 사지와 척추질환을 앓아 회복중이거나 약화된 분들은 강한 의지를 갖고 건강을 위해 피나는 노력을 해야 할 것이다.

헨델은 뇌출혈로 몸의 한쪽부분이 마비되어 제대로 걸을 수 없게 되었다.

비참하게 허물어진 건강 앞에서는 과거에 화려했던 명성도 덧없는 것이었다.

어느 날 찰스 기본이라는 시인이 헨델에게 성경 본문을 작시한 시로 작곡할 것을 제안해 주었다. 헨델은 이사야서에 '고난 받는 종의 넷째 노래'의 시를 읽으면서 어떤 힘이 자신의 상처를 어루만져주는 느낌을 받고 건강회복을 위해 혼신의 힘을 다했다.

"그는 멸시를 받아서 사람에게 싫어버린 바 되었으며, 간고를 많이 겪었으며, 질고를 아는 자라. 마치 사람들에게 얼굴을 가리고 보지 않음을 받는 자 같아서 멸시를 당하였고, 우리도 그를 귀히 여기지 아니하였도다." (이사야서 53:3)

우리의 마음을 흔드는 헨델의 메시아의 역작은 그에게 닥쳐온 반신마비라는 역경의 덕분이었다.
"육신의 고통 받는 이들이여, 결코 포기하지 않고 열심히, 꾸준히 노력하십시오."

영적 여정에서도 가장 경계해야 할 것은 어떤 노력도, 모험도 하지 않으려는 것이다.
우리는 영적 여정을 천상의 기쁨을 향해 날아오르는 마술 양탄자처럼 생각하기 쉽다.
예수님의 제자들은 노력하고, 또 실패하고, 다시 노력하는 삶을 예수님과 함께 살았다.

예수님 제자인 우리들도 그들처럼 끊임없이 노력하고 실패하지만, 다시 노력하는 삶을 살아야 한다.

주님은 도움을 청하기만 하면은 구원의 손길을 항상 내려주신다.

최고의 보약은 생수다!

칠순이 지난 할머니가 외래를 찾아왔다.

"할머니, 어디가 편찮으세요?"라고 하니 잠깐 이것부터 보라 하신다.

큰 비닐봉지를 자랑스럽게 열어 보이는데, 세상의 온갖 건강식품은 다 있는 듯했다.

"내가 이렇게 좋은 보약이라는 것은 다 먹고 있는데, 왜 무릎도 아프고 어깨가 아픈지 모르겠어"라고 하셨다.

진짜 보약이 어떤 것인가?

성인의 경우 몸의 70%(약 45리터)가 물이다. 모든 동식물의 주성분도 물이다. 시중에 판매되는 콜라, 사이다, 비타민 계통의 음료수의 주성분은 물인데, 표기에는 없다. 밥은 한두 달 안 먹어도 되지만, 물은 3일 이상 안 먹으면 살 수 없다. 이렇게 물은 영양분 중의 영양분, 보약 중의 최고의 보약이다.

음료나 술을 만드는 회사도 자기 회사의 제품은 지하 깊숙한 곳에서 나오는 광천수라고 한다.

관절경수술을 하는 의사에게 꼭 필요한 것도 물이다. 물을 관절 속에 넣고 관절 속을 보면서 수술하기 때문이다. 하나님이 세상을 창조하신 원료가 물이고 그 물이 생명의 근원인데, 어디서 보약을 찾을까? 장티푸스, 콜레라 전염병이 돌면 물을 꼭 끓여 마시라고 한다. 수질 오염을 예방하려는 것이다. 그러나 끓여 먹는 물은 이미 영양분이 상실된 죽은 물이다.

미네랄 함량이 높은 생수만이 살아있는 물이다.

우리 몸의 대부분은 물로 이루어져 있기에 충분한 수분공급을 해주는 것이 건강 유지와 노화방지에 중요하다. 사람이 운동을 하거나 스트레스를 받으면 혈액이 농축되는 현상이 일어나므로 많은 양의 물을 섭취해야 한다. 그냥 방치하면 뇌혈관

질환이나 심장질환이 발생할 수 있다

　취침 전 마시는 한잔의 생수는 밤새 신진대사를 활성화시켜주고 기관지 점막에 탄력을 부여해 감기를 예방해 준다. 기상 후 마시는 한잔의 생수는 위장 기능을 강화해 주고 위장 청소 및 변비 예방에 기여한다. 하루 8~10잔 정도의 충분한 물의 섭취는 노화방지는 물론 피부를 싱싱하고 탄력성 있게 해줌으로써 미용에도 좋다. 늙어간다는 것은 신체에 대한 물의 비율이 줄어드는 것을 의미한다. 젊고 싱싱하게 살려면 물을 충분히 마셔야 한다.
　오전 시간보다는 오후에 많이 마시는 것이 원활한 신진대사에 도움이 된다.

　각종 색소와 설탕들이 첨가된 인공 음료를 즐기는 현대인들에게는 성인병과 노화현상이 빨리 온다. 이런 음료는 마실수록 더 갈증이 심해지고 생수를 마실 때만이 갈증이 해소된다.

　예수께서는 "이 물을 먹는 자마다 다시 목마르려니와 내가 주는 물을 먹는 자는 영원히 목마르지 아니하리니 내가 주는 물은 그 속에서 영생하도록 솟아나는 샘물이 되리라" 하셨다.

(요한 4:13, 14)

    육체와 정신의 욕구를 만족시켜주는 모든 인간적인 것들은 한 가지 결함을 갖고 있다. 즉, 영원히 만족시켜 주지는 못한다는 것이다. 그러한 것들은 현재의 욕망을 잠재워줄 뿐 결코 없어지게는 못한다. 인간의 욕망은 끊임없이 계속 살아난다. 세상이 주는 물은 다시 땅으로 되돌아가지만, 주님께서 주시는 생명수는 초자연적인 충동이며, 천국에까지 나아가게 해준다.

식생활(1) – 살아있는 음식을 먹어야…

인간이 겪는 질병의 상당부분은 궁극적으로 **소화과정**과 관련이 있다.

소화계통의 질환은 물론 관절염, 근육통, 만성피로증후군, 심장병, 암, 당뇨, 두통 등 대부분의 질환이 모두 마찬가지이다.

우리가 음식물을 섭취하면 위에서 머무르는 시간이 평균 3시간이고, 이때 소화를 위해 몸 속 에너지가 소모된다. 체류하는 시간이 이보다 적으면 적을수록 훨씬 적은 양의 에너지가 소화하는데, 사용되고 3시간이 넘어 체류하면 훨씬 많은 에너지가 소화에 소모된다.

우리 몸에 한정된 에너지는 소화하는 위에서 사용되고, 나머지는 임파선을 통해 체내의 독소를 추출하고 제거하는데 사용된다. 건강은 소화과정에서 에너지를 자유롭게 하는 간편한 식사에 달려있다. 그러므로 위에 편한 식사를 하는 것이 대단히 중요하다. 지금 어떤 질병에 대한 증상이 안 나타나더라도 어려서부터 길들여진 식사방법과 질병은 밀접한 관계가 있다. 지금은 아니지만 언젠가 질병으로 나타날지 모르는 상태일 수 있다는 말이다.

현재 겪고 있는 질병이 있다면 그 질병으로 인한 고통의 원인이 식사방법일 수도 있다. 그러므로 우리는 식습관을 바꿔야 한다. 음식을 먹는 것은 삶의 큰 즐거움이다. 어떤 이들은 미식에 빠져 맛을 찾아 이곳, 저곳을 찾아다니기도 하고, 어떤 이들은 한계를 모르는 끝이 없는 탐식에 빠져 살고 있다.

이제 어떻게 먹고 살아야 하는지, 소화계통의 한계를 인정하는 절제 방법을 터득해야 한다. 음식의 종류와 질 그리고 그 음식을 먹는 방법을 조금이라도 바꿈으로써 건강해 질 수 있다. 핵심은 음식물이 위에 머무르는 시간을 최소화하고 몸의 에너지가 임파 계통의 활동을 최대화하는데 쓰일 수 있도록 해야 하는, 아주 단순하고 명확한 방법인 것이다.

건강과 생명유지를 위해 우리가 먹는 식품을 두 가지로 분류하는데 하나는 살아있는 음식(식품)이고, 하나는 죽은 음식(식품)으로 나눌 수 있다. 살아있는 음식(식품)이란 음식에 효소가 형성되지 않은, 열을 가하지 않은 음식이다. 즉, 야채, 과일, 주스 이런 것들이다. 죽은 음식(식품)이란 효소가 파괴된 음식을 말하는데, 이 죽은 음식이 소화되려면 체내의 효소를 이용해야 한다.

죽은 음식은 효소가 없어진 음식이라 아주 오랜 시간 동안 위에 머물러 있게 되어 소화하는데 엄청난 에너지가 소모되고 소화 장애가 발생하여 질병에 이르게 된다.

고통과 질병이 없는 삶을 희망하는 사람은 효소가 풍부히 들어있는 음식을 선택해야 된다. 이 음식들은 살아있는 음식이기에 먹으면서 질병에 증상들이 호전된다. 질병으로 고통받는 사람들은 살아있는 음식의 섭취량이 평균 10% 이하이고, 나머지 90%는 생명이 없는 음식으로 채운다는 보고가 있다. 이들의 고통과 무기력함을 호소하는 것은 결코 놀라운 일이 아니다. 식사 방법은 일정기간 질병에서 회복되고 질병을 예방하는 **식사방법**은 일정기간 살아있는 음식(효소가 있는 음식)만 먹어보는 것이다.

첫 번째 방법은 6개월 동안 매달 한주간만 살아있는 음식을 들고, 나머지 3, 4주간은 평소 섭취하던 음식을 섭취한다.
두 번째 방법은 아침만 살아있는 음식을 먹는 것이다.
세 번째 방법은 시중에 판매되는 소화효소를 먹은 후에 일반 식사를 하는 것이다. 식생활은 일을 하기 위한 수단이지 목적은 아니다.

우리 크리스천은 삶의 영역에서 구원받은 자들이기에 건강의 청지기로서의 합당한 삶을 살아야 한다. 이런 점에서 무분별한 식생활을 절제하고 건강할 수 있는 음식을 섭취하여 하나님께 영광을 돌리는 삶을 살아야겠다.

식생활(2) – 좋은 음식을 먹어야…

최고 수준의 의학과 영양학의 전문가들이 질병이 늘어나는 원인을 연구 조사한 '맥거번 리포트'가 있다.

이에 따르면 "많은 병의 원인은 잘못된 식생활에 있다"고 하며, "식생활을 바꾸지 않으면 건강해지는 방법이 없다"고 한다.

'친절한 금자씨'라는 한국영화에서는 교도소에 수용된 여자 수감자들의 이야기가 나온다. 그들 중에 악질 여성이 있어 뒤늦게 수감된 여성들을 괴롭힌다.

한 후배 여성은 악질의 선배 수감자를 친절하게 돕는 척하면서 먹는 음식에 세제(락스)를 조금씩 타서 친절하게 먹여준다. 독이 든 음식을 먹어가던 악질 선배 수용자는 서서히 죽게 된다.

왕실에서도 임금이 먹는 국속에 비소를 넣어 가랑비에 속옷 젖듯이 생명의 불꽃이 조금씩 꺼져가며 죽게 되는 것을 본다.
이렇게 나쁜 음식은 독이 되어 사람을 서서히 죽여 간다.

지금까지 우리가 먹고 살아온 많은 음식들은 우리의 건강을 약하게 만들어 왔다.
반면에 좋은 음식은 우리를 건강하고 젊게 만든다. 좋은 음식이란 효소가 풍부히 들어있는 음식이다.

효소란 생물이 살아가기 위해 필요한 모든 과정을 가능하게 해주는 역할을 한다.
소화하고 흡수하는데 작용하고, 세포가 새롭게 교체되는 신진대사를 도우며, 체내에 들어온 독소를 분해하고 해독하는 작용도 한다.

우리 몸에서 일생동안 만들 수 있는 효소의 총량은 정해져 있으며, 효소의 양과 활성도가 건강에 큰 영향을 미친다. 효소를 모두 다 사용하였을 때는 생명체의 수명은 끝이 난다고 한다.

그래서 효소가 다량 함유한 식품을 많이 섭취하여 몸에 축적시켜야 하고, 몸 안에 있는 효소를 소비하지 않도록 해야 한다.
효소를 소비하는 생활습관은 습관적인 음주나 흡연, 과식 그리고 나쁜 식품 첨가물을 가미한 식사, 스트레스가 많은 생활환경과 의약품의 남용 등이다.

또 나쁜 식사에 의해 체내에 형성된 독소와 자외선이나 방사선 전자파에 접촉해서 생기는 활성산소들도 효소를 크게 소비시킨다.
그러므로 건강을 유지하기 위해서는 체내의 효소를 증가시키는 식생활을 하고 체내의 효소를 소비시키는 방법으로 생활습관을 개선해야 한다.

몸의 각 장기마다 손상된 상태를 회복시키는 데도 효소가 많이 사용된다.

이때 몸의 효소가 부족하면 질병이 나타나게 된다.

효소는 48℃ 이상의 열에 파괴되므로 열을 가하지 않는 음식만이 살아있는 효소이고, 좋은 식품이다.

채소, 과일, 육류, 생선 모두 신선할수록 효소의 양이 많다.

질병을 근본적으로 고치는 방법은 규칙적인 식생활과 생활습관으로 꾸준히 노력하는 것뿐이다. 올바른 식사와 효소를 낭비하지 않는 식생활을 해야 한다.

한편, 우리 성도가 육체를 넘어 영적으로 건강하려면 영적으로 해가 되는 것을 끊으면 된다.

"여러분은 성령님과 즐거운 교제를 나누면서 하나님과 동행하기를 원하십니까? 그러시다면 하나님이 기뻐하지 않으시는 것들을 과감히 버리십시오."

성경의 생명의 말씀이 영적 효소이다.

이 말씀을 자신의 삶 전체로 소화하고 흡수할 때 영적 건강을 얻을 것이다.

식생활(3)
– 구별된, 그리고 신성한 음식을 먹어야…

식단에도 **장수식**이 있고 **단명식**이 있다.

장수식에는 지중해 식단과 오키나와 식단이 있는데 채소, 과일, 콩, 올리브유, 생선 위주의 지중해 식단은 지방의 70% 이상이 불포화 지방산이며, 토코페롤이 듬뿍 들어있어서 다이어트 식단이라고 할 수 있다. 그리고 동물이나 낙농제품 등에 많은 포화지방이 적어 신장질환과 노인성 치매를 줄일 수 있다.

고기는 단지 맛을 돋우기 위한 양념의 개념으로 사용된다.

또 일본 오키나와 장수인들의 식단은 세계인들의 가장 건강한 식단이라는 평가를 듣는다.

평소 그들이 먹는 삶은 돼지고기는 지방과 유해한 독소가 모두 빠지고 단백질을 비롯한 콩류와 영양소만 남는 건강식이 된다.

이 오키나와 지방은 기후적 요건 때문에 다양한 야채를 일년 내내 섭취하고, 신선한 생선을 구할 수 있는 지리적 여건도 갖추고 있다.

또 소금의 의존도를 줄여서 식사를 한다. 이렇게 야채, 두부, 해초, 삶은 고기, 생선을 섭취하는 저칼로리 식단으로 심장병, 뇌졸중, 암발생률이 세계 최저를 기록한다.

이와 대조적으로 **단명식**으로 꼽히는 스코틀랜드 식단도 있다.

그래서 스코틀랜드 사람들이 먹는 음식만 피하면 건강할 수 있을 것이라는 유머가 나돈다.

스코틀랜드인들의 식사는 전형적인 육식인데다가 튀기는 요리가 많다.

감자를 비롯해 야채를 먹을 때도 버터나 유제품을 곁들여 먹는다. 소금도 1일 권장 섭취량의 세 배나 될 만큼 많이 먹는다. 또한 하루에 한 번도 야채나 과일을 먹지 않는 사람이 적지 않다고 한다. 역사적으로 스코틀랜드는 과일과 야채가 많이 생산되지 않았기 때문에 그 같은 식습관이 형성되었겠지만, 최근에는 야채나 과일을 쉽게 구할 수 있는데도 여전히 과일과 야채의 소비량이 늘지 않고 있다. 스코틀랜드가 심장병 사망률 세계 최고를 기록하는 것도 이 같은 식습관과 무관하지 않을 것이라고 전문가들은 말한다.

한편, 성경에도 먹을 수 있는 **정한 음식**과 먹을 수 없는 **부정한 음식**이 분명하게 구분되어 있다. 유대인들은 이 정결한 음식을 '코셔 음식'이라고 한다.

레위기에 보면 여호와 하나님의 부르심으로 구별된 유대인들은 내가 거룩하니 너희도 거룩하여야 한다는 말씀과 같이 정한 짐승, 물고기, 새 종류만 먹을 수 있게 규정하고 있다.
이 까다로운 음식에 관한 율법의 의미는 음식 법을 통해 교훈을 주려 했을 것이다.

예로 새김질하는 동물을 먹으라는 명령은 하나님의 말씀을 항상 명상하며 되새김질하라는 교훈이다. 또 불결한 음식은 의학적으로 좋지 않기 때문에 식용을 금했을 것이다.

성경에서는 하나님이 거룩하기 때문에 이스라엘도 거룩해야 한다는 넓은 의미만을 기술했지만, 우리 구원받은 성도들은 음식에서도 항상 창조주 하나님의 거룩하심을 기억하고 자신도 구별된 존재임을 깨닫게 하여 주심을 알아야 한다. 음식법도 도덕법과 마찬가지로 그것을 지키는 자의 마음가짐이 중요하다.

하나님과의 관계에서 제일 중요한 것은 무엇보다도 마음이기 때문이다.

금식은 급속히 치유되는 '천국 보약'

사람의 본능 가운데 식욕과 성욕이 가장 중요하다. 성욕은 나이에 따라 쇠약해지고, 살아가는데 반드시 있어야 하는 것은 아니다. 그러나 식욕은 죽는 순간까지 느껴지는 것으로 부진할 때는 살아갈 수 없다.

건강할 때는 하루 세 끼를 규칙적으로 먹고도 소화되는 3시간만 지나면 간식과 야식까지 먹고 싶은 식욕이 발동한다. 그러나 몸이 병이 나는 등의 정상이 아닐 때는 식욕 부진을 갖고 오게 된다.

특히 중한 병이나 심한 정신적인 충격을 받았을 때는 식음을 전폐하게 되는데, 이런 생리적 변화는 인체를 보호하려는 본능일 것이다.

동물은 부상을 당하거나 병이 나면 산속 깊은 동굴 속에 들어가 먹지 않고 낫기를 기다린다고 한다. 그러나 사람들은 옆에서 잘 먹어야 낫는다며 맛있는 죽부터 음식, 음료를 주곤 한다.

우리 병원에 입원한 환자들에게도 좀 안다는 사람들이 위로를 한다며 박카스부터 고가의 건강음료뿐만 아니라 몸보신하는 식품까지 갖고 병문안을 온다. 식욕 부진인 환자가 과연 이런 음식을 먹을 수 있겠는가? 환자에겐 오히려 작은 몇 천원이라도 현금이 더 필요할지 모르겠다.

인체는 자체 조절기능을 갖고 있다. 식욕이 없다는 것은 지금 인체가 음식을 공급받을 필요가 없다는 것이다. 음식을 소화시키고 몸에 흡수시키려면 충분한 에너지와 혈액이 필요한데, 지금은 그런 에너지와 혈액이 병을 치유하고 회복시키는 데에 더욱 필요하다는 것이다.

과식과 탐식을 하는 인간들에게 생명을 보존하기에 완벽스런 신비한 인체의 기능을 주신 것을 보면서 하나님의 창조의 위대함에 새삼 놀라게 되고, 인간을 사랑하는 하나님의 자비에 감동하게 된다. 이런 하나님의 사랑과 우리의 정직하고 진실한 신앙에 대한 믿음을 항상 완전하게 지켜나가고 싶다.

음식물을 섭취하지 않고 중단하는 금식을 하는 것은 세상 것을 끊고 하나님께 나를 온전히 맡겨 육체를 재정비하고, 재형성할 수 있는 시간을 갖는 것이라 생각한다. 즉, 하나님의 은총 아래 우리를 새롭게 해주는 시간이라고 생각한다.

음식물이 몸에 들어오지 않는 상태에서는, 정상기능을 유지하기 위해 인체는 비상이 걸린다. 각종 호르몬의 분비가 활성화되고, 인체의 저항력이 강화되며, 자연 치유력이 극대화된다. 그래서 금식 때는 오랜 세월에 걸쳐 축적된 노폐물은 배출되고, 지방 등 잉여물질은 에너지의 공급을 위해 처리된다.

위장관과 혈관 등에 있던 불순물이 제거됨으로 소화기 및 순환기 질환에 극적인 효과가 있으며, 각종 성인병이 모여진 대사증후군 등의 예방과 치료에 좋은 영향을 미치고, 특별히

난치병이 낫는 예상치 못한 치료의 효과가 나온다.

한번쯤은 우리의 본능인 식욕을 끊고 금식을 해보자. 진실로 나 자신이 되어 하나님 앞에 온 신경을 기울여 기도를 드려보자.

"주님! 나의 모든 어려움을 거두어 주시고, 나의 마음을 주님 위에 붙잡아 두소서. 내 영혼을 당신 손에 맡깁니다. 내 뜻이 아니라 당신의 뜻이 이루어지소서."

하나님이 기뻐하는 금식을 하면 네 빛이 아침같이 비칠 것이며, 네 치료가 급속할 것이라는 말씀이 '천국 보약'이라는 것을 체험할 것이다.

건강 검진과 성품 검진

어느 성도가 죽어서 하나님 앞에 섰다.

하나님께서,
"자네는 할 말이 있는가?"
"제가 이렇게 일찍 하나님 앞에 설 줄은 꿈에도 몰랐고, 장례식에 가면 남의 일로 생각하고 내게는 먼 훗날의 일인 것같이 느꼈습니다."
"아쉬운 것은 없느냐?"
"내 것을 나눠야 했는데 욕심만 부렸고, 겸손보다 교만이

앞섰고, 칭찬받으려했고, 내 건강 챙기는데 신경 썼고, 헌금 내는 것을 아까워했고, 자꾸 받으려만 했습니다."

"내가 1년 더 시간을 준다면?"

"나누며 살겠습니다. 봉사하면서 살겠습니다. 교회 건축에 제 재산의 절반을 내놓겠습니다."

하나님께서 그렇게 해주셨다. 그는 감사하다고 몇 번이나 절을 드렸다.

이 사람이 깨어보니 꿈이었다. 꿈에서 깨어난 날 아침에 대학병원에 가서 건강 검진을 받고 비싼 보약을, 건강식품을 먹기 시작하다 그는 너무 먹어서 탈이나 죽었다.

참으로 어리석은 사람 즉, 나와 우리의 모습이다.

장수를 위한 건강 검진도 중요하지만 그 전에 운동과 적당한 양의 식사와 의지가 먼저 필요하지 않은가?

〈리더스 다이제스트〉의 '건강란'에 수명을 연장시키는 요인 가운데 제일 먼저 꼽은 것이 건강 검진이었는데, 건강 검진을 받으면 3년을 더 산다고 한다.

질병 없는 온전한 삶은 몸과 마음과 영혼이 건강해야 한다.

신명기에는 하나님을 마음과 힘과 성품을 다해 사랑하라 한다.

카 레이스에서 승리하려면 최고의 출력으로 질주하듯이 우리 크리스천들도 육체뿐 아니라, 그리스도께서 주신 신의 성품의 분량이 채워졌는지를 점검해보고, 하나님의 사랑을 위해 전력 질주해야 한다.

베드로는 영적 성장을 위해 갖추어야 할 구체적인 덕목을 제시하고 있다.

믿음, 덕, 지식, 절제, 인내, 경건, 형제우애, 사랑이다.

벤자민 프랭클린도 13개의 덕을 갖추기 위해 얼마나 노력했는지 모른다.

우리도 순종, 겸손, 충성, 감사, 인내, 용기, 성실, 정직, 절제, 기쁨, 온유, 관용, 신뢰, 섬김, 책임, 긍휼, 사랑의 17개 항목의 체크리스트들을 만들어 매일 밤 진보된 자신의 모습을 체크해보자(성품 검진).

성품은 성공의 비결이며, 인정받고, 은혜받고, 행복하게 해준다.

좋은 성품 속에 하나님의 축복이 임한다.

바울은 매일매일 죽는다 했지만, 우리는 매순간 매순간 나를 죽여 내 속에 하나님의 성품을 공급해야 한다.

순종은 모든 성품의 기초이자 최고봉이다.

예수님도 하나님 아버지께 순종의 삶을 살았다.

순종의 Obedience는 Audio(듣는다)에서 나왔다.

침묵 속에서 하나님의 말씀을 들어야 내 안에 거룩한 예수님의 성품이 형성되지 않겠는가?

미국의 알렌 데버는 건강을 좌우하는 결정적인 요인은 '생활양식'이라 했고, 출애굽기는 하나님의 말씀에 순종하는 삶이 곧 질병 없는 삶이라고 강조했다.

신앙인의 건강비결은 영적 믿음과 기도가 핵심일 것이다.

성령께서 건강과 예수님의 성품을 주셔서 하나님을 영원히 맘껏 사랑할 수 있기를 기도하자.